北大版留学生本科汉语教材·语言技能系列

汉语中级综合教程

上册

Comprehensive Intermediate Chinese Course I

主 编：王　珏
编 著：蒋向艳

北京大学出版社
PEKING UNIVERSITY PRESS

图书在版编目(CIP)数据

汉语中级综合教程. 上册/王珏主编. —北京:北京大学出版社,2008.12
(北大版留学生本科汉语教材·语言技能系列)
ISBN 978-7-301-14583-8

Ⅰ.汉… Ⅱ.王… Ⅲ.汉语-对外汉语教学-教材 Ⅳ.H195.4

中国版本图书馆 CIP 数据核字(2008)第 178991 号

书　　　　名:汉语中级综合教程　上册
著作责任者:王　珏　主编
责　任　编　辑:沈　岚
封　面　设　计:毛　淳
标　准　书　号:ISBN 978-7-301-14583-8/H·2150
出　版　发　行:北京大学出版社
地　　　　址:北京市海淀区成府路205号　100871
网　　　　址:http://www.pup.cn
电　　　　话:邮购部 62752015　发行部 62750672　出版部 62754962　编辑部 62752028
印　刷　者:北京大学印刷厂
经　销　者:新华书店
　　　　　　787 毫米×1092 毫米　　16 开本　　14.75 印张　　370 千字
　　　　　　2008 年 12 月第 1 版　　2017 年 2 月第 2 次印刷
定　　　　价:55.00 元(含 MP3 盘 1 张)

未经许可,不得以任何方式复制或抄袭本书之部分或全部内容。
版权所有,侵权必究
举报电话:010-62752024　　电子信箱:fd@pup.pku.edu.cn

华东师范大学"985"工程二期国际合作与交流
"汉语和中国文化国际推行计划"建设成果

前言

这套教材由华东师范大学资深对外汉语教师编写,主要对象包括高等学校汉语言专业外国留学生、进修汉语的外国人、海外华人华侨以及国内少数民族学生。

与已有同类教材相比,本套教材具有以下三个突出的特点。

一、内容丰富,风格多元

丹麦语言学家奥托·叶斯柏森说:"把学习语言的人扔到语言的海洋里,他就会学得快得多!"编者深深服膺叶氏此语,并在两个方面较为忠实地贯彻了这一思想。

首先,在国家汉办2002年制定的《高等学校外国留学生汉语言专业教学大纲》基础上,对语法、词汇、汉字等语言项目适当进行了扩充,扩充比例大体在5%~15%之间。我们之所以如此大胆越纲行事,主要是考虑到与大纲制定之时相比,现在留学生汉语水平普遍有了提高,同时也考虑到留学生普遍反映原有大纲难度不大。

其次,文本内容多样,风格多元。本套教材所选文本一律为反映当今汉语的内容,并力争涉及最广泛的生活文化等内容,既紧贴多彩的现实生活,又充分尊重传统文化精华,力争做到交际化、趣味化、多样化。如各种体裁的文本均在课本里占有一定比例,也不局限于所谓名家、经典,而是广泛吸收各类精彩文章,以便学习者接触各种各样的汉语真实文本。

二、贯彻"结构—功能—文化"教学的理念

本套教材努力贯彻"结构—功能—文化"的先进教学理念，并体现为整体结构以功能为中心辐射全书。具体表现如下：

1. 每册包括若干个功能性单元，即"生活万象"、"人生感悟"、"历史文化"、"科学探秘"和"中外交流"等。

2. 每个单元紧紧围绕一个功能中心，安排若干篇课文，每篇课文内容各异、风格不一，从不同角度展示该单元的具体交际、文化功能。

3. 每课围绕一个具体功能安排课文及其注释、生词、语言点解析、练习和副课文等。

三、编写原则新颖

本套教材力争在以下原则上有新颖之处：

1. 词汇大纲、语法大纲、功能大纲以《高等学校外国留学生汉语言专业教学大纲》中的词汇表、语法项目表和功能项目表为依据，并按一定比例有所扩展。

2. 汉字以《高等学校外国留学生汉语言专业教学大纲》中规定的汉字教学项目为依据。在总体设计上，采取词汇教学与汉字教学大同步、小异步的原则，由易到难、由简到繁，注意区别汉字文化圈的学习者和非汉字文化圈的学习者在认知上的异同，分别在编排方式、顺序安排、教学要求、教学方法诸方面均各有侧重。

3. 根据学生汉语整体水平不断提高的实际情况，本着"以人为本"的教育价值观，也为了能充分反映时代特点，对大纲作适当调整和补充。

面对本教材容量大、文本形式多样等特点，教师应在教学方法上多予以注意。

第一，明确对外汉语教学与母语文教学之间的不同，做到既重视语言基本功的训练，又注重言语交际能力的培养。注意精讲多练，方法多样，认真贯彻语言教学的实践性、交际性要求，正确处理听、说、读、写的能力之间的合理关系。

第二，尽量使用汉语授课，强化学生的语感，并安排较大数量、较多形式的汉语交际实习活动和社会实践活动，如根据教学中的具体内容组织学生参观、访问和进行社会调查等，课堂上多安排不同形式的分组模拟性语言交际活动。

第三，充分利用网络资源、多媒体教学条件，制作一些相应的课件，增强学生对汉语的视听感受，帮助学生加深对教材的理解。有条件的还可以编写适量的网上练习，加强学生与真实社会和虚拟社会之间的互动与交流。

第四，注意介绍中华民族的传统文化，帮助学生了解汉语里的中国，并注意不同民族之间的文化价值观的异同，做到有的放矢。注意学生对汉语、汉文化的可接受性，采用启发式、讨论式、实践式相结合的教学方法，积极调动学生的学习积极性和创造能力。

本教材所选的文本，根据教学需要做了或大或小的改动，除向各位作者致谢以外，特此说明。

编写组全体同仁热忱欢迎本套教材的使用者提出建议和批评，让我们一起努力，使她臻于完善，成为您学习汉语的最好帮手和知心朋友。

编　者

目录

第一单元　人生启迪篇

第 一 课　生命的补丁 ……………………………………… 3

第 二 课　母亲的发票 ……………………………………… 14

第 三 课　小人物刘富贵 …………………………………… 26

第 四 课　渴望城市 ………………………………………… 36

第二单元　生活万象篇

第 五 课　没被改写的人生 ………………………………… 49

第 六 课　泰坦尼克号 ……………………………………… 60

第 七 课　"夺子战争"——爸爸输给了游戏机 ………… 71

第 八 课　我的大学生活 …………………………………… 82

第三单元　历史文化篇

第 九 课　晏子巧对楚王 …………………………………… 97

第 十 课　中国画里乡村——黟县宏村 …………………… 109

第十一课　关于生肖的传说 ………………………………… 121

第四单元　　现代科技篇

第十二课　看云识天气 …………………………………… 137

第十三课　微笑和撅嘴 …………………………………… 148

第十四课　鱼儿为什么接吻 ……………………………… 161

第十五课　犬的等级心理 ………………………………… 172

第五单元　　中外交流篇

第十六课　从象形到形声 ………………………………… 185

第十七课　我教老外学汉语 ……………………………… 196

第十八课　中国每天都有新魅力 ………………………… 207

生词总表 …………………………………………………… 218

第一单元
人生启迪篇

第一课　生命的补丁

　　不久前,女儿的一双皮鞋晒在门口,不知被哪个坏心眼儿的人用刀片划了一道长长的口子。那是我们花了两百多元买下的新鞋,上脚没几天就不能再穿了,女儿难过得哭起来。我把鞋子拿到小区门口的手工皮鞋店,小学徒看了一眼说:"没办法,除非换皮鞋帮。"

　　老师傅接过去看了看,说:"你要是放心的话,我就在皮上再多划几道口子,两只鞋子上都划上。"

　　我不解地问:"为什么?"

　　老师傅说:"这样看起来显得对称,是特意而为,会显得十分独特,穿起来也不受影响。"

　　我还是不太理解,反正死马当做活马医吧,我把鞋丢下走了。

　　第三天下班顺便去取鞋,一眼就发现那双鞋,鞋子上果然又划下五六道口子,用铁锈红色的软皮补好,四周用的是粗针大线的细麻绳,针脚故意歪歪扭扭,与皮鞋的风格一样,看上去比原先那双更独特,也更有趣,同时也实用美观。我连声夸道:"师傅手艺真棒。"

　　我妹妹有一天拿出一件衬衫给我们看,那是一件白衬衫,后背上不小心撕出了老大一个口子。妹妹说:"一百多块买了件衬衫,才穿了三天就不能再穿,真可惜!"我妻子接过去左看右看,说:"我拿回家给你补补看。"三天后,再一次看到那件衬衫时,我呆住了:所有的裂痕和口子全被小心地用细细的白丝线手工缝合，那些被白丝线缝合的裂痕看上去就像北方冬天树枝上的冰花一样，美极了。为了强调这种效果，妻子特地还在树枝下用花棉布头拼成了一个胖乎乎的小雪人和森林木屋。一件原来撕破不能穿的衬衫，现在变得比原先那件更完美更独特。

我赞美道："太漂亮了，就像艺术品一样。"

妻子说："都是那个做皮鞋的老师傅给我的启发：补丁，本来是一种遗憾，却可以让它呈现出一种完美。"

妻子的话也给了我更大的启发：世界上万事万物不可能总是十全十美。补丁是免不了的，包括人的生命，生命也是这样——伤害、残疾、病痛等等。伤口既然已经存在，靠展览伤口使人同情你，那没有任何实质意义。你能做的你该做的，就是用补丁缝合伤口，并且还要努力在"伤口"上开出最美丽的花朵，生命之所以有意义就表现在这里。

(据黑白《生命的补丁》，《中华散文》2005年第4期)

生词

1. 补丁　bǔdīng　（名）补在破损的衣服或其他物件上面的东西。例如："这件衣服上有好几个补丁。"
2. 心眼儿　xīnyǎnr　（名）心地；存心。例如："他心眼儿好，大家都喜欢跟他来往。"
3. 学徒　xuétú　（名）在商店里学做买卖或在作坊、工厂里学习技术的青年或少年。
4. 除非　chúfēi　（连）表示唯一的条件，相当于"只有"。例如："除非你答应我的条件，我才告诉你。"

5. 帮 bāng （名）物体上两边或四周的部分。例如："鞋帮、船帮。"
6. 不解 bùjiě （短）不明白，不理解。例如："我向他解释了两遍，他还是一副不解的样子。"
7. 对称 duìchèn （形）指图形或物体对某个点、直线或平面而言，在大小、形状和排列上具有一一对应的关系。例如："人体的左右两边都是对称的。"
8. 特意 tèyì （副）特地。例如："今天是我生日，妈妈特意为我做了一个巧克力蛋糕。"
9. 独特 dútè （形）独有的；特别的。例如："每个作家都有自己独特的写作风格。"
10. 锈 xiù （名）铜、铁等金属的表面因氧化而生成的一种物质。例如："这把刀生了一层锈。"
11. 四周 sìzhōu （名）周围。例如："四周静悄悄的，一个人也没有。"
12. 歪歪扭扭 wāiwāiniǔniǔ （形）形容歪斜不正的样子。例如："他的字虽然写得歪歪扭扭的，但看得出来他写得非常认真。"
13. 风格 fēnggé （名）一个时代、一个民族或一个流派、一个人的作品所表现的主要思想特点和艺术特点。例如："我喜欢他的写作风格。"
14. 原先 yuánxiān （名）从前；起初。例如："他原先不会读书写作，现在通过自学已经成了一名作家。"
15. 美观 měiguān （形）（形式）好看；漂亮。例如："房间布置得很美观。"
16. 夸 kuā （动）赞扬；夸奖。例如："老师夸他学习努力。"
17. 手艺 shǒuyì （名）手工业工人的技术。例如："这位木匠师傅的手艺真棒。"
18. 棒 bàng （形）强；好（多用于口语）。例如："他身体一直很棒。"
19. 可惜 kěxī （形）值得惋惜。如："你今晚不能和我们一起去看电影，真可惜。"
20. 裂痕 lièhén （名）器物破裂的痕迹。例如："窗玻璃中间有一道裂痕。"

21. 缝 féng　（动）用针线将原来不在一起或开了口的东西连上。例如:"晚上,妈妈在灯前给孩子缝衣服。"
22. 特地 tèdì　（副）表示专为某件事。例如:"他昨天特地来看你,你没在。"
23. 拼 pīn　（动）合在一起;连合。例如:"把几张桌子拼在一起。"
24. 完美 wánměi　（形）完备美好;没有缺点。例如:"世界上没有一个完美的人。"
25. 遗憾 yíhàn　（形）不称心;感到愧惜。例如:"听到这个消息,我很遗憾。"
26. 呈现 chéngxiàn　（动）显出,露出。例如:"大海呈现出碧蓝的颜色。"
27. 十全十美 shíquán shíměi　各方面都十分完美,没有缺点。例如:"谁也不可能找到十全十美的工作。"
28. 伤害 shānghài　（动）使身体组织或思想感情受到损害。例如:"睡眠过少就会伤害身体。"
29. 残疾 cánjí　（名）肢体、器官或其他功能方面的缺陷。例如:"他虽然身有残疾,却是个游泳好手。"
30. 实质 shízhì　（名）本质。例如:"实质比形式重要。"

语言点

(一) 疑问代词

1. 疑问代词用于反问,不表示疑问(多会儿,哪儿等)。例如:
   (1) 我多会儿答应过你?
   (2) 我哪儿知道你没参加?

2. 疑问代词成对使用或与指示代词连用，表示任指。例如：
   (1) 谁准备好了，谁先发言。
   (2) 哪个班人少，就把他安排到哪个班去。

3. 疑问代词虚指，指代不必说或说不出的人或物（什么等）。例如：
   (1) 女儿的一双皮鞋不知被哪个坏心眼儿的人用刀片划了一个长长的口子。
   (2) 暑假，我想去哪儿玩儿玩儿。

4. 疑问代词用于列举（什么、什么的等）。例如：
   (1) 什么金钱啊、地位啊，我都没考虑。
   (2) 包子、饺子、面条什么的，我都不爱吃。

（二）除非

连接分句的连词，强调某条件是唯一的先决条件。

1. 除非……，才……：表示一定要这样，才能产生某种结果。例如：
   (1) 除非你去，他才会去。
   (2) 除非你答应我的条件，我才告诉你。

2. 除非……，（否则……）不……：表示一定要这样，否则就不能产生某种结果。例如：
   (1) 除非你去，否则他不会去。
   (2) 除非有钱，否则我是不会买房子的。

3. （如果）……要……，除非……：表示要想得到某种结果，一定要这样。例如：
   (1) 如果你要得到他的同意，除非找老李去跟他谈谈。
   (2) 若要人不知，除非己莫为。

（三）起来

复合趋向补语，引申为表示说话人对事物进行估量或评价。例如：
(1) 这样穿起来也不会受影响。
(2) 看起来，整顿公司阻力相当大。

（四）状态形容词

状态形容词本身带有表程度义，不能受程度副词修饰。例如：雪白、乌黑、冰冷、笔直、通红、红通通、绿油油、胖乎乎。

练习

一、熟读并抄写下列词语

| 对称 | 特意 | 独特 | 四周 | 歪歪扭扭 |
| 美观 | 可惜 | 完美 | 赞美 | 十全十美 |

二、解释下列句子中的加点词语

1. 没办法，除非换皮鞋帮。
2. 我不解地问："为什么？"
3. 比原先那双更独特，也更有趣，同时也实用美观。
4. 我连声夸道："师傅手艺真棒。"
5. 所有的裂痕和口子全被小心地用细细的白丝线手工缝合。
6. 这样看起来显得对称，是特意而为，会显得十分独特。
7. 我还是不太理解，反正死马当做活马医吧，我把鞋丢下走了。
8. 与皮鞋的风格一样。
9. 妻子的话也给了我更大的启发。
10. 世界上万事万物不可能总是十全十美。

三、选择适当的词语填空

划　　画

1. 女儿的一双皮鞋被人用刀片_____了一道长长的口子。
2. 小女孩在纸上_____了一朵花。

显得　　表现

3. 生命之所以有意义就_____在这里。
4. 这样看起来_____对称。

顺手　　顺便

5. 第二天下班_____去取鞋。
6. 事情办得很_____。

遗憾　　可惜

7. 这件衬衫才穿了三天就不能再穿，真_____！
8. 补丁，本来是一种_____。

原来　　原先

9. _____他们并没走，我还以为他们走了。
10. 他还住在_____的地方。

四、完成下列短语

1. 请填写补语

晒（　　　）　　难过得（　　　）　　看了（　　　）

2. 请填写宾语

划（　　）　取（　　）　换（　　）　拿出（　　）

强调（　　）　符合（　　）　伤害（　　）　缝合（　　）

3. **请填写量词**

一（　　）皮鞋　　　　一（　　）口子

一（　　）衬衫　　　　一（　　）雪人

五、运用下列句子中的加点结构造句

1. 你<u>要是</u>放心的话，我<u>就</u>在皮上再多划几道口子。
2. 那些被白丝线缝合的裂痕<u>看上去就像</u>北方冬天树枝上的冰花<u>一样</u>。
3. 这样看起来显得对称，是<u>特意</u>而为，会显得十分独特，穿起来也不受影响。
4. 看上去比原先那双<u>更</u>独特，<u>也更</u>有趣，同时也实用美观。
5. 一百多块买了件衬衫，<u>才</u>穿了三天<u>就</u>不能再穿了，真可惜！
6. 补丁，<u>本来</u>是一种遗憾，<u>却</u>可以让它呈现出一种完美。

六、用指定词语完成句子

1. 为了准备下周末的晚会，她＿＿＿＿＿＿＿＿＿＿＿＿＿＿＿＿。（特意）
2. 在哪里跌倒，就＿＿＿＿＿＿＿＿＿＿＿＿＿＿＿＿＿＿。（哪里）
3. ＿＿＿＿＿＿＿＿＿＿＿＿＿＿，才租得起这么贵的房子。（除非）
4. 除非你把功课做完，＿＿＿＿＿＿＿＿＿＿＿＿＿＿。（否则……不）
5. 我逗了这个小宝宝半天，＿＿＿＿＿＿＿＿＿＿＿＿＿＿。（起来）

七、根据课文回答问题

1. "我"女儿的新皮鞋是怎么弄坏的？
2. "我"女儿的皮鞋容易修吗？
3. 老师傅是怎样修这双皮鞋的？
4. "我"的妻子是怎样补妹妹的衬衫的？
5. "我"从妻子的话得到了什么启发？

八、请以"修皮鞋和缝衣服的故事给我的启示"为题复述课文

九、作文：运用下列词语，写一个小故事（字数要求：150字以上）

衬衫，口子，不能再穿了，针，线，小心地，缝，补，美观，比原来好……

十、阅读俗语故事，说说它的大意

俗语"死马当做活马医"是从成语"作死马医"而来的。语出宋代佛教经书。

佛教传入中国已有两千年历史，早已成为中国文化的重要组成部分，并深深地融入到中国人的日常生活，在语言、文化等方面都留下了它的痕迹。现代汉语有不少来自佛教文化的成语。例如"善男信女"一词，是来自佛经中佛说法时的开场白"善男子，善女人"，因为当时在座听佛说法的人多是曾经受过三皈（guī）五戒的男女，佛称他们为"善"。

"平时不烧香，急来抱佛脚"这句民间谚语，比喻平时不做准备，事到临头才想办法。据说，北宋宰相王安石，一次和人闲聊时，说到佛事，随口吟道："投老要依僧。"一位客人紧接着补了句："急则抱佛脚。"王安石说："我这'投老要依僧'是句古诗。"客人说："我这'急则抱佛脚'是句古谚，你的一句去了'头'（投），我的一句去了'脚'，不正好成妙对吗？"

此外，还有许多与佛教有关的成语。例如："僧多粥少"、"敬佛不在香多"、"泥菩萨过河，自身难保"、"丈二和尚摸不着头脑"、"口头禅（chán）"、"做一天和尚撞一天钟"和"跑了和尚跑不了庙"等等。你能猜出它们的意思吗？

副课文

快乐的鸭子

有位波兰作家曾说过一段耐人寻味的话：很久以前，我走在一条乡村公路上，看见一群鸭子在污泥里洗澡，附近就有一条可爱的小河。我大为吃惊，它们为什么不到小河里去呢？

是的，鸭子为什么不到小河里去呢？这个疑问既朴实，又玄妙。它真是触及了人和动物生存的奥秘。

人有人的生存方式。鸭子有鸭子的生存方式。鸭子生来喜欢在污泥浊水中嬉戏，因为污泥塘里有许多可口的寄生虫的尸体、腐烂物及一些藻类浮游植物，鸭子实在喜欢这些植物味儿。当鸭子把头伸进带浓臭腥味的污泥水里，闻到了一种熟悉而亲切的气息，它们彼此叫唤、拍翅，在水面上飞。在污泥浊水里，鸭子悠闲自在地嬉戏着，体验到了一种生存的快乐。

人类尽可以有各种理由喜爱清清的小河、欢快的小溪，还有碧水蓝天、清风日月。这些诗意的环境确也给人类带来了美的愉悦。但如果人类以此认为鸭子也理应喜爱这些事物，那么人类就会变得可笑起来（因为从生存的本能上看，人和鸭子的喜好是非常的不一样）。面对长江大河滚滚东去的流水，人类常常获得一种庄严神圣的情感，但鸭子在发臭的污泥浊水里嬉戏，它们获得的是另一种愉悦，另一种生命的狂欢。

所以，面对人生的艰难，人类尽可以沉思，可以冥想。

但鸭子凭它们的本能生活着，它们自始至终体验着生存的快乐。

（据石买生《快乐的鸭子》，《雨花》2005 年第 6 期）

（一）解释加点词语

1. 鸭子凭它们的本能生活着。
2. 鸭子生来喜欢在污泥浊水中嬉戏，因为污泥塘里有许多可口的寄生虫。

3. 鸭子闻到了一种熟悉而亲切的气息，它们彼此叫唤、拍翅，在水面上飞。
4. 面对人生的艰难，人类尽可以沉思，可以冥想。
5. 有位波兰作家曾说过一段耐人寻味的话。
6. 在污泥浊水里，鸭子悠闲自在地嬉戏着。
7. 它们自始至终体验着生存的快乐。

（二）回答问题

1. 面对生命中的伤害、残疾和病痛，作者认为人应该怎么做？
2. 人和鸭子的生存方式是不同的，你觉得哪一种生存方式更能体验到生存的快乐？

第二课　母亲的发票

儿子出生十天，按家乡习俗，要请亲戚朋友吃饭。

那天晚上，我正好上夜班。临上班前，母亲和岳母一再提醒我，上完夜班早点回来，几桌饭菜等着去买呢。

上完夜班，我匆匆往回赶。一边走一边想着那张放在白天穿的衬衣口袋里的发票，上面已由医务室主任、部门经理签过字，只要总经理再一签字就可以到财务处领钱。

回到家，一进房间，见妻儿仍在熟睡，母亲早已醒了。见我回来，她轻声说了句："回来啦！"我应了一声，问道："妈，您看见住院发票了吗？"母亲一听，连忙翻身找到白天穿的衬衣，翻出口袋一瞧：糟糕！那张发票已被洗烂成一团缩在口袋一角。我重重地叹了一口气，心烦地问："妈，我这衬衫是谁洗的？""嗯，是我洗的，怎么啦？"我不高兴地说："妈，您怎么洗衣服就不翻口袋，您知道这发票多重要！没有它，一千多元钱的药费就不能报销了！"母亲一听，也急了："唉！妈这个坏毛病，到老还是没改——洗衣服不翻口袋！发票洗了，怎么办？那么多钱！"听了妈的话，我没说什么，只是盯着那烂发票团。母亲像一个犯了错误的孩子不安地说："要不你试着跟领导说说，妈不识字，洗了发票，请领导帮帮忙！"我无奈地说："那是没有用的，人家凭发票说话！"母亲呆住了。

天一亮，我还得去买菜，发票的事暂时先丢于一旁，毕竟中午有好多亲戚来吃饭。等我买完菜回来，岳父母叫我丢下手中的活儿，先去请人把发票补办一下。从岳父母口中得知，母亲一早便把此事告诉了他们。原来昨天中午母亲见我一回来，就脱下衬衣扔在沙发上，她一拿起就闻到一股汗味，便拿去洗了……听岳父说，补个发票丢失证明去单位可能有用。我便急急地往医院赶。

我赶到医院财务科，向那里的工作人员说明了情况。他一听，就说："今天到底怎么了？在你之前一个小时，有个妇女来补发票，说了半天也没说清楚，只是一个劲儿说发票不小心被她洗掉了……"一听此话，我不由得一愣：难道是母亲？可一想，不大可能，母亲在家忙着招待客人，再说她一个农村妇女怎么知道这一系列手续？！

开好了遗失证明，我又匆匆赶到单位。我轻轻地走进总经理办公室，他正在低着头看文件。我小心翼翼地递上发票遗失证明。总经理抬头看了我一眼，既不说话，也不签字。我有点心急了，小心地问："总经理，本来发票已由李主任、张经理签过字了，那天我找您签字，您出差了。发票放在衬衫里，被我母亲洗衣服洗烂了！"我一说完，总经理扶了扶眼镜，慢慢地说："我知道！不过，你怎么能把这么重要的发票随便乱放呢！你妈把发票洗烂了，不是她的错，是你自己马虎！你母亲今天早上已经找过我了。"顿时，我什么话也说不出来了……

我从财务科领到钱，心里更加惭愧。此时，我相信去医院补发票的人一定是我母亲。我多想早一点儿赶回家，告诉母亲，发票已经报销了。同时，也请母亲原谅我这个做儿子的马虎……

可我一到家，岳母却告诉我："你妈照应完客人后，就打点行李回乡了。临走时，她请我帮你们照看小宝宝，她说她在这儿老给你们添乱……"不等岳母说完，我冲出门外，大叫一声："妈！"眼泪便涌了出来……泪眼中，我发现了母亲，天下所有的母亲都为子女们开出了一页——钱财、责怪、委屈、失败、悲伤……一切随时都可以报销的发票,这页发票不会遗失,因为它已被刻上了"母亲"的印章。

(据阿波《母亲的发票》,2005年第8期)

生词

1. 发票　fāpiào　(名) 商店开给顾客的单据,上面写着售出货品的名称、数量、价格和日期等。例如:"去商店退换商品时,必须出示该商品的发票。"

2. 岳母　yuèmǔ　(名) 妻子的母亲。例如:"我的岳母是一位大学教授。"

3. 一再　yízài　(副) 重复地。例如:"经不起孩子的一再恳求,她终于同意给他买一辆新的自行车。"

4. 提醒　tíxǐng　(动) 从旁指点,促使注意。例如:"每次离家出远门,妈妈总不忘提醒我平时多注意饮食和休息。"

5. 匆匆　cōngcōng　(形) 急急忙忙的样子。例如:"看他那匆匆忙忙的样子,似乎有什么急事?"

6. 部门　bùmén　(名) 组成某一整体的部分或单位。例如:"他是我们公司销售部门的经理。"

7. 烂　làn　(形) 破碎,残破。例如:"一双布鞋穿了十年,还没穿烂呢!"

8. 缩　suō　(动) 由大变小或由长变短。例如:"黑暗中似乎有什么动静,她在屋子角落里不由吓得缩成一团。"

9. 报销　bàoxiāo　(动) 把领用款或收支账开列清单报告主管部门核销。例如:"你这次去西安的差旅费、伙食费和住宿费都由公司报销。"

10. 凭　píng　(介) 依据。例如:"进电影院看电影的时候,每个人都得凭票入场,你没买票怎么行呢?"

11. 毕竟 bìjìng （副）到底。例如："这本书虽然有缺点,毕竟是一本好书。"

12. 一个劲儿 yígèjìnr （副）表示不停地连续下去。例如："推销员一个劲儿地向我介绍他们的产品。"

13. 不由得 bùyóude （副）不禁。例如："听到那首熟悉的歌曲,他不由得停下了脚步。"

14. 愣 lèng （动）失神,发呆。例如："听了这番话,他愣了半天,不知该如何应答。"

15. 系列 xìliè （名）相关联的成组成套的事物。例如："这一系列问题,我们要一个个地加以解决。"

16. 小心翼翼 xiǎoxīn yìyì 形容举动十分小心。例如："他小心翼翼地问老师：'老师,明天我能请个假吗？'"

17. 递 dì （动）传送,一方交给另一方。例如："他把作业递给了前排的同学。"

18. 出差 chū chāi （离）（工作人员）暂时到外地办理公事。例如："过两天我要去北京出差。"

19. 顿时 dùnshí （副）立刻,马上。例如："好消息传来,大家顿时欢呼起来。"

20. 惭愧 cánkuì （形）因为自己有缺点或做了错事等而感到不安。例如："他对他的行为感到惭愧。"

21. 照应 zhàoyìng （动）照顾。例如："要不是一路上有他的照应,我真不知能不能顺利到家呢！"

22. 涌 yǒng （动）水或云气冒出。例如："你看那风起云涌,可能是暴风雨快来了。"

23. 委屈 wěiqū （形）受到不应该有的指责或待遇,心里难过。例如："受到了妈妈的错怪,孩子心里觉得很委屈。"

24. 悲伤 bēishāng （形）伤心。例如："当他们的父亲去世时,巨大的悲伤笼罩了他们全家。"

25. 刻 kè （动）用小刀雕（花纹、文字、图案等）。例如："他在那棵树上刻上了自己的名字。"

专名

1. 医务室　yīwùshì　（名）单位里从事医疗工作的部门。
2. 财务处　cáiwùchù　（名）单位里有关财产的管理或经营以及现金的出纳、保管、计算等事务。有的单位也称"财务科、财务部"等。

语言点

（一）按（照）

1. "按（照）"可以作动词，表示遵从、遵照。通常要带双音节名词宾语。例如：
   (1) 按家乡习俗，要请亲戚朋友吃饭。
   (2) 办事情要有计划，要按制度。

2. 又可作介词，表示遵从某种标准。可放在名词、动词或小句前。例如：
   (1) 按时完成
   (2) 按年龄分组
   (3) 按照每人两张票分发。

（二）临

介词，表示将要发生。"临"可放在动词前。例如：
   (1) 他临走给你留了一张字条。
   (2) 老张临走的时候要我向你们问好。
   (3) 他临睡前吃了药。

（三）只要

连词，表示必要条件。

1. 只要……就（便）……："只要"可用在主语前或后。例如：
   （1）只要总经理再一签字就可以到财务处领钱。

2. 后一小句是反问句或"是……的"句，句中不用"就、便"。例如：
   只要你提出来，难道他还能不帮你的忙？
   （1）"只要"作后一小句。例如：
       我可以替他带点儿什么，只要东西不太多。

   （2）"只要是……"有"凡是"的意思。例如：
       只要是去过杭州的人，没有不赞美西湖的。

（四）一……就……

1. 前后两个动词不同，表示一种动作或情况出现后紧接着发生另一种动作或情况。可以共一主语，也可以分属两个主语。例如：
   （1）我一回来，就脱下衬衣扔在沙发上。
   （2）天气一冷，我就很容易感冒。

2. 前后两个动词相同，共一主语。表示动作一经发生就达到某种程度，或有某种结果。后一动词常为动结式、动趋式或带数量短语。例如：
   （1）那时正是夏天，母亲在火热的太阳底下一站就是几个小时。
   （2）雨天路滑，一滑就滑出了老远。

后一动词常可省略，或者用"是"来代替。例如：
   （1）老婆婆一讲就是两个小时。

练习

一、熟读并抄写下列词语

| 习俗 | 提醒 | 毕竟 | 顿时 | 一个劲儿 |
| 印章 | 委屈 | 惭愧 | 报销 | 小心翼翼 |

二、解释下列句子中的加点词语

1. 母亲和岳母一再提醒我，上完夜班早点回来。
2. 人家凭发票说话。
3. 发票的事暂时先丢于一旁。
4. 一听此话，我不由得一愣。
5. 你妈把发票洗烂了。
6. 儿子出生十天，按家乡习俗，要请亲戚朋友吃饭。
7. 母亲和岳母一再提醒我，上完夜班早点回来。
8. 开好了遗失证明，我又匆匆赶到单位。
9. 我小心翼翼地递上发票遗失证明。
10. 当我从财务科领到钱，心里更加惭愧。

三、根据课文内容选词填空

应　缩　瞧　进　翻身　熟睡　洗　醒　听　翻

回到家，一＿＿＿＿房间，见妻儿仍在＿＿＿＿，母亲早已＿＿＿＿了。见我回来，她轻声说了句："回来啦！"我＿＿＿＿了一声，问道："妈，您看见住院发票了吗？"母亲一＿＿＿＿，连忙＿＿＿＿找到我白天穿的衬衣，＿＿＿＿出口袋一＿＿＿＿，糟糕，那张发票已被＿＿＿＿烂成一团＿＿＿＿在口袋一角。

四、选择适当的词语填空

毕竟　究竟

1. 别再责怪他了，_____他不是故意的。
2. _____怎么回事，谁也说不清楚。

顿时　霎时

3. 一声巨响，_____天空中出现了千万朵美丽的火花。
4. 轮到我演讲了，一踏上讲台脑子_____一片空白。

再三　一再

5. 我_____请求，他才答应帮忙。
6. 事实_____证明他错了，他最后才改变了看法。

五、运用下列句子中的加点结构造句

1. 原来昨天中午母亲见我一回来，就脱下衬衣扔在沙发上，她一拿起就闻到一股汗味，便拿去洗了……
2. 总经理抬头看了我一眼，既不说话，也不签字。
3. 你妈把发票洗烂了，不是她的错，是你自己马虎！
4. 我匆匆往回赶，一边走一边想着那张放在白天穿的衬衣口袋里的发票。
5. 没有它，一千多元钱的药费就不能报销了。
6. 可一想，不大可能，母亲在家忙着招待客人，再说她一个农村妇女怎么知道这一系列手续？

六、用指定词语完成句子

1. _____，我才原谅了他。（一再）
2. 你应该对他宽容些，_____。（毕竟）
3. 我不住地看手表，他却_____。（一个劲儿）
4. 看到自己小时候的照片，他_____。（不由得）

5. 喜讯传来，大家_____。（顿时）

七、根据课文内容，选择正确答案

1. 作者把那张发票放哪儿了？（　　）
   A. 办公室　　　　　　B. 衬衣口袋
   C. 洗衣机　　　　　　D. 给母亲了

2. 那张发票被母亲怎么了？（　　）
   A. 撕了　　　　　　　B. 扔了
   C. 弄丢了　　　　　　D. 洗烂了

3. 得知发票被母亲洗烂了以后，作者对母亲的态度是：（　　）
   A. 高兴　　　　　　　B. 满意
   C. 埋怨　　　　　　　D. 无所谓

4. 母亲去医院干什么？（　　）
   A. 补发票　　　　　　B. 向医院解释
   C. 找儿子　　　　　　D. 看病

5. 母亲为什么回乡了？（　　）
   A. 家乡有急事　　　　B. 不想照看小宝宝
   C. 对儿子生气了　　　D. 怕再给儿子添麻烦

八、请以"发票的故事"为题复述课文

九、作文：运用下列词语，写一个小故事（字数要求：150字以上）

习俗，一再，提醒，匆匆，一个劲儿，不由得，愣，小心翼翼，顿时，委屈，悲伤……

十、阅读下列有关母爱的名人名言，说说它们的大意

1. 母爱是世间最伟大的力量。——米尔
2. 世界上有一种最美丽的声音，那便是母亲的呼唤。——但丁
3. 我很幸运有爱我的母亲。——贝多芬
4. 慈母的胳膊是由爱构成的，孩子睡在里面怎能不香甜？——雨果
5. 世界上的一切光荣和骄傲，都来自母亲。——高尔基
6. 全世界的母亲是多么的相像！她们的心始终一样，每一个母亲都有一颗极为纯真的赤子之心。——惠特曼
7. 对我而言，我的母亲似乎是我认识的最了不起的女人……我遇见太多太多的世人，可是从未遇上像我母亲那般优雅的女人。如果我有所成就的话，这要归功于她。——查尔斯·卓别林
8. 一位好母亲抵得上一百个教师。——乔治·赫伯特（英国诗人）

副课文

母亲一生的八个谎言

小男孩家很穷。吃饭时，饭常常不够吃，母亲就把自己碗里的饭分给孩子吃。母亲说："孩子们，快吃吧，我不饿！"——母亲撒的第一个谎。

男孩长身体的时候，勤劳的母亲常用周日休息时间去农村河沟里捞些鱼来给孩子们吃。鱼很好吃，鱼汤也很鲜。孩子们吃鱼的时候，母亲就在一旁啃鱼骨头，用舌头舔鱼骨头上的肉渍。男孩心疼，就把自己碗里的鱼夹到母亲碗里，请母亲吃鱼。母亲不吃，用筷子把鱼夹回男孩的碗里。母亲说："孩子，快吃吧，我不爱吃鱼！"——母亲撒的第二个谎。

上初中了，为了交男孩和哥姐的学费，母亲白天上班，晚上糊火柴盒，挣点钱补贴家用。有个冬天，男孩半夜醒来，看到母亲还弯着身子在油灯下

糊火柴盒。男孩说:"母亲,睡了吧,明早您还要上班呢。"母亲笑笑,说:"孩子,快睡吧,我不困!"——母亲撒的第三个谎。

男孩参加高考那年,母亲请了假天天站在考点门口为孩子加油。那时正是夏天,母亲在火热的太阳底下一站就是几个小时。考试结束的铃声响了,母亲迎上去递过一杯浓茶,叮嘱孩子喝了。茶浓,情更浓。望着母亲干裂的嘴唇和满头的汗珠,男孩将手中的水杯递过去请母亲喝。母亲说:"孩子,快喝吧,我不渴!"——母亲撒的第四个谎。

父亲去世之后,母亲又当爹又当娘,靠着自己那点微薄收入带着几个孩子,供他们念书,日子过得非常艰苦。邻居李叔叔知道后,大事小事就过来帮忙,搬搬煤,挑挑水,送些钱粮来帮补男孩的家里。大家对此看在眼里,记在心里,都劝母亲再嫁,何必苦了自己。然而别人再劝,母亲也始终不听。她说:"我不爱!"——母亲撒的第五个谎。

男孩和她的哥姐大学毕业参加工作后,退休的母亲在附近农贸市场摆了个小摊维持生活。身在外地工作的孩子们知道后就常常寄钱回来补贴母亲,母亲坚决不要,并将钱退了回去。母亲说:"我有钱!"——母亲撒的第六个谎。

男孩留校任教两年,后又考取了美国一所名牌大学的博士生,毕业后留在美国一家科研机构工作,待遇相当好。条件好了,男孩想把母亲接到美国,却被老人拒绝了。母亲说:"我不习惯!"——母亲撒的第七个谎。

晚年,母亲患了胃癌,住进了医院。远在大西洋那边的男孩乘飞机赶回来时,手术后的母亲已只剩一口气了。望着母亲,男孩悲痛得留下了眼泪。母亲却说:"孩子,别哭,我不疼。"——母亲撒的第八个谎。

说完,在"谎言"里度过了一生的母亲终于闭上了眼睛。

(资料来源:http://blog.readnovel.com,有改动)

(一) 解释加点词语

1. 这是母亲撒的第一个谎。
2. 男孩心疼,就把自己碗里的鱼夹到母亲碗里。
3. 母亲白天上班,晚上糊火柴盒,挣点钱补贴家用。
4. 母亲请了假天天站在考点门口为孩子加油。

5. 母亲迎上去递过一杯浓茶,叮嘱孩子喝了。茶浓,情更浓。
6. 母亲又当爹又当娘,靠着自己那点微薄收入带着几个孩子。
7. 男孩毕业后留在美国一家科研机构工作,待遇相当好。

(二) 回答问题

1. 读了正副课文的故事,你有什么感受?你觉得母爱伟大吗?
2. 世界上的每位母亲都非常爱自己的孩子。但是,并不是每个孩子都能很好地理解母亲。你觉得你理解你的母亲吗?你和母亲间有过误会吗?谈谈你对母爱的理解和感受。

第三课　小人物刘富贵

　　刘富贵是一个外乡人，普通得不能再普通了。我认识他时，他不过二十岁，蹬一辆哗哗乱响的平板车，到处收废纸破烂儿。他的脸上挂着谦和与卑微的笑，是常见到的那种小人物的表情。风吹雨打中，我常见他奋力蹬着装满小山似的废品的平板车，无论冬夏汗流浃背地奔波在大街小巷里。像大多数的乡下人，刘富贵不懂抱怨，也没有工夫理会自己如此的命运。

　　光阴如梭，四五年过去，刘富贵不再收废纸破烂儿了，而是在路边支一凉棚，修起了自行车。大概是他修车的价钱合理，手艺也说得过去，或许是他固有的卑微与谦和，他的生意一直都不错。我以为他会永远地修下去。

　　谁想几年以后，他竟突突地开着一辆农运车，出现在早市上，开始了贩菜倒菜的生意。这离我认识他已有了八九年的光景。那时我和他都奔了三十岁。

　　也是那一年，我发现他身边多了一个女人，原来他把乡下的媳妇接到了北京，一同在早市上倒菜，后来我又看到他的小女儿，才几岁，光着脚在菜市上和一帮子乡下小男孩跑，满脸的鼻涕。

　　在我四十多岁的时候，刘富贵已经不在菜市上了，而是在离我家不远的街上开了一间水果店，十来平米的小店，生意却红火。

　　前年，我装修房子去买玻璃，在玻璃店里，竟意外地见到了刘富贵。我很惊讶，问他媳妇、孩子呢？他说媳妇还在开水果店，他又包下了这间玻璃店。女儿已经上了大学。我心里"轰"的一下，这离我认识刘富贵已有三十年的时间了。

这个刘富贵，三十年间，一步步竟混得这般的整齐。乡下的一些穷亲戚、穷朋友，也因了他来到这个城市落脚安生，在他的店里打工挣钱。

我和刘富贵从没有深入地交谈过，但作为城市人对乡下人的一种好奇，刘富贵成了我心中的一个参考，常常不能不让我暗自比较。

在我心里，刘富贵是一个完美的人。在这个偌大的城市里，不知有多少个这样的刘富贵。他们从农村来到城市，扶老携幼、风吹雨打，一天一天挨着，几十年过来，从一无所有中开始，一点点地忍受、积攒、改变，置办自己的家业。亲戚朋友们也因为他而沾光、脱贫。这该是多大的气力。

细想起来就会发现，刘富贵才是出类拔萃的社会栋梁。无论在乡村，还是在城市，这个社会其实就是由千千万万个刘富贵支撑起来的。

天下诸多英雄，其实莫过于普通的刘富贵。天下诸多豪杰，也未必能比得过他刘富贵。他活得扎实、勤奋、勇往直前。在我们这个城市，在每一个角落，都有刘富贵这样的人存在。他们优秀而又普通，简单而有智慧。在奋力把自己的日子过好的同时，也在为这个社会和他人贡献着。只是不管怎样，在大多数人的眼里，刘富贵依然是个小人物，一个地地道道的、脸上永远挂着卑微表情的小人物！

(据星竹《小人物刘富贵》，《青年文摘》2006年3期)

生词

1. 蹬　dēng　（动）腿和脚向脚底的方向用力。例如："他每天蹬着三轮车去收破烂儿。"
2. 平板车　píngbǎnchē　（名）运货的三轮车。例如："平板车是一种简易的运货车。"
3. 破烂儿　pòlànr　（名）破烂的东西；特指废品。例如："收破烂儿的人在上海总是摇着铃铛，蹬着三轮车。"
4. 谦和　qiānhé　（形）谦虚和蔼。例如："做人要谦和。"
5. 卑微　bēiwēi　（形）地位低下。例如："他总是露出小人物特有的卑微的表情。"
6. 汗流浃背　hàn liú jiā bèi　汗水湿透了背上的衣服。形容汗出得很多。例如："他跑步跑了两个小时，现在已是汗流浃背了。"
7. 奔波　bēnbō　（动）忙忙碌碌地往来奔走。例如："为了生活，他四处奔波。"
8. 抱怨　bàoyuàn　（动）心中不满，数说别人不对。例如："他总是抱怨老板给的工资太低了。"
9. 工夫　gōngfu　（名）时间。例如："三天功夫就能学会游泳。"又如："周三有工夫我再来看你吧。"
10. 理会　lǐhuì　（动词）理睬；过问（多用于否定）。例如："他说了半天，也没人理会他。"
11. 光阴如梭　guāngyīn rú suō　（形）形容时间过得很快，一般用来形容一年一年的时间过得很快。例如："光阴如梭，很快他就长成了一个大小伙。"
12. 早市　zǎoshì　（名）早晨做买卖的市场。例如："他在早市上购买店里需要的蔬菜。"
13. 贩　fàn　（动词）买货出售。例如："长年在贩菜倒菜，他已经挣了不少钱。"

14. 倒　dǎo　（动）用低价买进物品后以高价卖出。例如："他每天都在市场上倒菜。"/"北京把倒贩物品的人称作'倒爷'。"

15. 帮　bāng　（量）用作量词时，用于人，是"群、伙"的意思。例如："一帮小孩儿。"

16. 红火　hónghuo　（形）形容旺盛，经济优越。例如："他的生意越来越红火了。"

17. 落脚　luò jiǎo　（离）在某地暂时停留。例如："新到一个城市，民工们往往喜欢在城乡交界的地区落脚。"

18. 参考　cānkǎo　（动）查阅、利用有关资料帮助学习、研究或了解情况。在本文活用作了名词。例如："刘富贵成了我心中的一个参考。"

19. 偌大　ruòdà　（形）这样大，那么大。例如："偌大的地方竟然看不到一个人。"

20. 忍受　rěnshòu　（动）勉强承受。例如："他再也不能忍受这样的生活了。"

21. 积攒　jīzǎn　（动）一点一点地聚集。例如："他多年来省吃俭用，积攒了很多钱。"

22. 置办　zhìbàn　（动）筹置备办。例如："开学后，大家忙着置办自己的生活用品。"

23. 沾光　zhān guāng　（离）凭借别人或者某种事物而得到好处。例如："有的人总是喜欢沾亲戚朋友们的光。"

24. 脱贫　tuō pín　（离）摆脱贫困状况。例如："这个山区的人们每天都努力劳动，争取早日脱贫。"

25. 出类拔萃　chū lèi bá cuì　品德才干大大高出同类而拔尖。例如："在所有人中，他无论哪一方面都是出类拔萃的。"

26. 地地道道　dìdìdàodào　没有异物；纯正的，无掺杂的。例如："他说地地道道的北京话。"

语言点

（一）估测

表示估计、猜测时，经常用的副词有"大概、也许、未必、说不定、可能和恐怕"等。例如：

（1）大概是他修车的价钱合理，手艺也说得过去，或许是他固有的卑微与谦和，他的生意一直都不错。

（2）天下诸多豪杰，也未必能比得过他刘富贵。

（3）说不定他已经来了。

（4）他可能又要迟到了。

（5）恐怕要下雨了，我们快走吧。

（二）竟

作副词时，表示出于意料之外，表现一种惊讶的情感。例如：

（1）谁想几年以后，他竟突突地开着一辆农运车，出现在早市上，开始了贩菜倒菜的生意。

（2）都以为他不同意，没想到他竟答应了。

（3）这么好的饭，他竟说不好吃。

（4）这件事几乎不可能完成，他竟答应要做这件事。

练习

一、熟读并抄写下列词语

| 谦和 | 卑微 | 奔波 | 抱怨 | 理会 | 鼻涕 |
| 红火 | 整齐 | 偌大 | 置办 | 栋梁 | 扎实 |

风吹雨打　　　　汗流浃背　　　　大街小巷　　　　光阴如梭
落脚安生　　　　扶老携幼　　　　出类拔萃　　　　勇往直前

二、解释下列句子中的加点词语

1. 他的脸上挂着谦和与卑微的笑，是常见到的那种小人物的表情。
2. 刘富贵不懂抱怨，也没有工夫理会自己如此的命运。
3. 光阴如梭，四五年过去，刘富贵不再收废纸破烂儿了，而是在路边支一凉棚，修起了自行车。
4. 大概是他修车的价钱合理，手艺也说得过去，或许是他固有的卑微与谦和，他的生意一直都不错。我以为他会永远地修下去。
5. 这离我认识他已有了八九年的光景。那时我和他都奔了三十岁。
6. 这个刘富贵，三十年间，一步步竟混得这般的整齐。
7. 我和刘富贵从没有深入地交谈过，但作为城市人对乡下人的一种好奇，刘富贵成了我心中的一个参考，常常不能不让我暗自比较。
8. 他们从农村来到城市，扶老携幼、风吹雨打，一天一天挨着，几十年过来，从一无所有开始，一点点地忍受、积攒、改变，置办自己的家业。
9. 细想起来就会发现，刘富贵才是出类拔萃的社会栋梁。
10. 只是不管怎样，在大多数人的眼里，刘富贵依然是个小人物，一个地地道道的、脸上永远挂着卑微表情的小人物！

三、写出下列词语的反义词

谦和_____　　卑微_____　　勤奋_____　　优秀_____
普通_____　　简单_____　　红火_____　　忍受_____

四、完成下列短语

1. 请填写宾语

蹬（　　　）　　倒（　　　）　　开（　　　）
挣（　　　）　　沾（　　　）　　打（　　　）

2. 请填写定语

（　　）的笑　　　（　　）的表情　　　（　　）的价钱
（　　）的人　　　（　　）的小店　　　（　　）的城市

五、运用下列句子中的加点结构造句

1. 刘富贵是一个外乡人，普通得不能再普通了。
2. 在我四十多岁的时候，刘富贵已经不在菜市上了，而是在离我家不远的街上开了一间水果店，十来平米的小店，生意却红火。
3. 无论在乡村，还是在城市，这个社会其实就是由千千万万个刘富贵支撑起来的。
4. 天下诸多英雄，其实莫过于普通的刘富贵。
5. 在奋力把自己的日子过好的同时，也在为这个社会和他人贡献着。
6. 只是不管怎样，在大多数人的眼里，刘富贵依然是个小人物，一个地地道道的、脸上永远挂着卑微表情的小人物！

六、用指定词语完成句子

1. 他不仅没责备我，而且_____。（竟然）
2. 这么小的孩子，_____，真太不可思议了！（竟然）
3. 他若无其事地走了进来，_____。（似的）
4. 我觉得他有点儿面熟，_____。（似的）
5. 虽然现在让你们分开会让你难过，但_____。（未必）
6. 虽然你认识他已经两年了，但_____。（未必）

七、根据课文内容，选择正确答案

1. 刘富贵是一个（　　），普通得不能再普通了。
   A. 北京人　　　　　　　B. 外乡人
   C. 农村人　　　　　　　D. 城市人

2. 我认识刘富贵（　　）年了。
   A. 五年　　　　　　　B. 十年
   C. 三十后　　　　　　D. 二十年

3. 刘富贵最初的工作是（　　）。
   A. 开商店　　　　　　B. 贩菜
   C. 卖水果　　　　　　D. 收废品

4. 刘富贵的形象代表了中国的（　　）。
   A. 农民　　　　　　　B. 下岗工人
   C. 打工者　　　　　　D. 流浪者

5. 作者和刘富贵的关系是（　　）。
   A. 老乡　　　　　　　B. 不认识
   C. 认识但不了解　　　D. 亲戚

八、根据课文回答问题

1. "我"认识刘富贵的这三十年间，刘富贵都干过哪些工作？
2. 刘富贵修车的时候为什么生意一直都不错？
3. 为什么在我心里刘富贵是一个完美的人？
4. 从文中找出刘富贵有哪些美好的品质？
5. 作者为什么说天下豪杰比不过刘富贵？
6. 你觉得刘富贵是一个怎样的人？

九、请以"北京城的打工者"为题复述课文

十、作文：运用下列词语，写一个小故事（字数要求：150字以上）

北京，外乡人，贡献，辛苦，贩菜，修鞋，水果店，花店，向往，尊重……

副课文

相声艺术家坐车

陶柏军

京城七月的一天,一位年过六旬、在全国知名度非常高的相声表演艺术家早早地走出家门。这天他没有开车,而是招手上了一辆出租车。

开车的是个小伙子,一见艺术家,心里乐开了花:"哎哟!老爷子,离老远我看着就像您,还真的是您啊!"说完,拿出一个笔记本:"老人家,给我签个名吧。说实话,我开车三年了,第一次拉您这么大的名人。"艺术家很认真地给他签了名字,一路攀谈下去。

半小时后,艺术家下了出租车。待这个小伙子开车走远之后,他又招手上了另外一辆出租车。司机是一位女同志,她虽然没有要求艺术家为她签名,但是好奇的问题是一个接着一个:"您这是出去演出还是走亲戚啊?""听说有个主持人闹绯闻了,你们是圈里人,您说是不是真的啊?""老爷子,您现在一个月能赚多少钱啊?"

下了这辆出租车,他又招手上了另外一辆。几个小时过去了,艺术家换了四五辆车,绕了大半个北京城。

中午时分,他在一家街边小店随便吃了一点儿东西。吃完饭,他又随手招了一辆出租车。司机是个四十岁左右的中年男子,他看到艺术家这张全国人民都很熟悉的脸时,很高兴。不过,在汽车行驶后,他就不再言语,这不免让艺术家有点儿尴尬。直到十分钟后碰到红灯,这位司机才扭头问道:"老人家,今年的春节晚会您还上吗?"艺术家刚说了两句话,红灯变绿灯,司机又目视前方,不再言语。到了目的地后,艺术家没有马上下车,而是问他:"师傅,您开几年车了?现在收入怎样?"司机告诉他:"这一行我干了十来年了,平均一个月纯收入3000元左右。孩子在念大学,老婆下岗,勉强度日吧。"艺术家又问他:"我每月给你4000元,做我的专职司机干不干?"司机一愣:"老人家您在和我开玩笑吧!这么好的事情怎么会砸到我的头上?"艺术家笑了:"是这样,我的年岁大了,反应也差劲了。上周我自己开车,出了点儿事故,差点儿送了老命。老伴儿和儿女都不放心,说啥也不让我自己开车了。所以我就琢磨着要聘请一位专职的驾驶员。"中年司机又问:"您怎么一下子就相中我啦?"艺术家说:"您是唯一一位在开车的时候不做其他事情的师傅。"

敬业,就会有好运。就这么简单。

(据陶柏军《相声艺术家坐车》,《合肥晚报》2005年8月17日)

(一) 解释加点词语

1. 京城七月的一天,一位年过六旬、在全国知名度非常高的相声表演艺术家早早地走出家门。
2. 开车的是个小伙子,一见艺术家,心里乐开了花:"哎哟!老爷子,离老远我看着就像您,还真的是您啊!"
3. 艺术家很认真地给他签了名字,一路攀谈下去。
4. 听说有个主持人闹绯闻了,你们是圈里人,您说是不是真的啊?
5. 孩子在念大学,老婆下岗,勉强度日吧。
6. 老人家您在和我开玩笑吧!这么好的事情怎么会砸到我的头上?
7. 是这样,我的年岁大了,反应也差劲了。
8. 您怎么一下子就相中我啦?

(二) 回答问题

1. 为什么艺术家要一辆接着一辆地换乘出租车?
2. 小伙子开车时做了哪些事情?
3. 女司机开车的时候又做了哪些事情?
4. 中年男子开车时有哪些举动?
5. 艺术家为什么要聘请专职司机,为什么选中了中年男子?
6. 这篇文章告诉我们一个什么道理?

第四课　渴望城市

　　住在乡下的人总是对城市有一种渴望，但又往往说不清楚渴望的是什么，是渴望商场超市中那些漂亮的商品吗？是渴望夜晚大街上那些永远流动着的灯光吗？是渴望在那拥挤的人群中活一个痛快吗？还是渴望着那繁华之后的尊严与体面？

　　好像都是，又好像都不是。

　　如果能在城市住下来，乡下人又很快能感觉到城市生活的种种不便与无奈：商场中那些精美的商品有些是很多城里人也买不起的，逛商场在很大程度上只是过过眼瘾而已，必需的日用品在乡下也能买到，而如果没有那些价格昂贵的东西，也没有那些精美而无多大用处的东西，商场也就毫无诱人之处了；公园里的假山假水亭台楼阁怎么比得上真正田野中的清风？城市中的彩灯都是与商业利益有关的，引你花钱，好让某些人挣钱；城市中的人很难显得出个性，不管你打扮得多么时髦，总还有人比你打扮得更时髦，你永远不是最引人注目的。也许生活就是这样：当人群中的每一个人都光彩夺目时，每一个人就都没有了光彩。

　　当乡下人在城市里定居下来，习惯了城市中的一切后，就发现了生活在城市的种种好处：有钱就花，有很多东西让你痛快地掏钱去买；有很多机会可以让你用能力换来自尊和金钱，商场、公园、网吧、书店等场所你可以自由地选择。

　　渴望城市的乡下人，若自己这一辈子进城无望，便把希望寄托在孩子身上，希望他们能学业有成，走进城市，做一个文明而富裕的城里人。学业有成而留在城市里是最普遍也最合适的进城方式了,因为这时他们大多还没有结婚,可以在任何地方安家。

第一代进城的人总与乡下有着割不断的联系：父母、兄弟姐妹的暂住,邻居或儿时伙伴的来访,都让人想到自己其实还是乡下人。虽然改变了装束,改变了说话的方式,但始终在心里惦记着自己出生和成长的那个小村子,年纪越大就越想回去看看。这些人的后代就是真正的城里人了,城市就是他们的出生地和故乡,可是越现代化的城市就越没有特征,以某个城市为故乡的人能很快地适应另一个城市,因为城市与城市的不同远远小于乡下与城里的不同。城里人不需自己努力奋斗就可以有一个良好的生活环境,就算是跟那些乡下的孩子相比,他们即使努力不够、聪明不够,也可以有一份不错的工作。这样看来,第一代进城的人,不但能实现自己的梦想,还可以为自己的子女造福,真是一件大好事。

进了城的一般就出不去,子女也出不去,进不来的就远远地渴望着城市;越看到有人进了城,就越渴望得急切。

其实,不管是在城市里还是在乡下,都可以把日子过得快活舒服。

(据刘卫京《渴望城市》,《语文知识》2005年10月)

生词

1. 渴望 kěwàng （动）迫切地希望。例如："读了这本小说,我渴望见到那位作家。"

2. 乡下　xiāngxià　（名）乡村里。例如："这个乡下姑娘不习惯城里的生活。"

3. 流动　liúdòng　（动）（液体或气体）移动。例如："溪水缓缓流动。"也指其他物体变换位置，如"人员流动。"

4. 拥挤　yōngjǐ　（形）地方相对地小而人或车船等相对地多。例如："街道十分拥挤，致使车辆无法通行。"

5. 繁华　fánhuá　（形）（城镇、街市）兴旺热闹。例如："这一带是城里最繁华的地方。"

6. 尊严　zūnyán　（名）可尊敬的身份和地位。例如："一个人的真正尊严在于他的品格，而非他的财富。"

7. 体面　tǐmiàn　（名、形）体统；身份。（相貌或样子）好看。例如："她的举止一向十分端庄体面。"

8. 精美　jīngměi　（形）精致美好。例如："这位蛋糕师擅长制作精美的糕点。"

9. 瘾　yǐn　（动）泛指浓厚的兴趣。例如："看书看上了瘾。"

10. 必需　bìxū　（动）一定要有的，必不可少的。例如："我去超市买了些生活必需品。"

11. 昂贵　ánguì　（形）价格很高。例如："她在舞会上戴着一副价格昂贵的耳环。"

12. 挣　zhèng　（动）用劳动换取。例如："他通过假期打工挣足了下学期的学费。"

13. 个性　gèxìng　（名）一个人比较固定的特性。例如："他个性活泼，爱与人交往，因此有不少朋友。"

14. 引人注目　yǐn rén zhùmù　引起人的注意。例如："她的新发型真引人注目。"

15. 光彩　guāngcǎi　（名）颜色和光泽。例如："她两眼流露出幸福的光彩。"

16. 定居　dìngjū　（动）在某个地方固定地居住下来。例如："他们已经在伦敦定居下来了。"

17. 自尊　zìzūn　（动）尊重自己。例如："他那轻蔑的目光深深地刺伤了我的自尊心。"
18. 网吧　wǎngbā　（名）备有计算机可供上网并且兼售饮料等的营业性场所。例如："网吧门口写着：'未成年人不得入内。'"
19. 场所　chǎngsuǒ　（名）活动的处所。例如："这是公共场所，请大家不要乱扔垃圾。"
20. 若　ruò　（连）相当于"如果"。例如："当时若警方迟一些到就会发生严重的暴力事件了。"
21. 富裕　fùyù　（形）（财务）丰裕。例如："他来自一个富裕的家庭，但他一直过得很朴素。"
22. 结婚　jié hūn　（离）男子和女子经过合法手续结合成为夫妻。例如："他们结婚三年了。"
23. 安家　ān jiā　（离）安置家庭。例如："工作后，他把家安在了西安。"
24. 割　gē　（动）用力截断。例如："他用割草机来割花园里的草。"
25. 来访　láifǎng　（动）来访问。例如："你说，他会准时来访吗？"
26. 其实　qíshí　（副）实际上。例如："其实他没有做错，请你不要怪他。"
27. 始终　shǐzhōng　（副）从开始到最后。例如："在整个旅行中她始终兴致勃勃，精神一直很好。"
28. 惦记　diànjì　（动）（对人或事物）心里老想着，放不下心。例如："我一直惦记着这件事。"
29. 急切　jíqiè　（形）迫切。例如："我急切地想知道盒子里面装了什么东西。"

语言点

（一）不管

用于有疑问代词或并列短语的语句，表示在任何条件下结果或结论都不会改变。后边有"都、也"等呼应。例如：

（1）不管你打扮得多么时髦总还有人比你打扮得更时髦。
（2）有些事不管你愿意不愿意，总要发生。

比较：不管；无论；不论
（1）"不管"多用于口语，"无论、不论"多用于书面。因此"不管"后面不能用"如何、何、是否、与否"等文言色彩的字眼，"无论、不论"可以。

（2）"不管"后面可以用"形容词＋不＋形容词"，用"无论、不论"时，这种格式中间一般要加"还是、跟、与"。例如：
不管天气热不热，他总是穿这么多。
无论天气热还是不热，他总是穿这么多。

（二）越 A 越 B

表示在程度上 B 随 A 的变化而变化。

1. A 和 B 的主语不同，有时可以叠用几个"越……"。例如：
   （1）你越（是）劝他休息，他越（是）干得起劲。
   （2）研究得越细致，讨论得越深入，问题也就解决得越好。

2. A 和 B 的主语相同。例如：
   （1）越现代化的城市就越没有特征。
   （2）我越看越喜欢。

（三）就算

连词，表示假设的让步，相当于"即使、即便"，多用于口语。

1. "就算"与"也、还、总"等呼应，前后两个分句指同一件事情，后一分句表示退一步的估计。例如：
   （1）就算是跟那些乡下的孩子相比，他们即使努力不够、聪明不够，也可以有一份不错的工作。

(2) 就算他不讲理，你也用不着发这么大的火。

2. "就算"与"但是、难道、可是"等配合，后一分句表示强调以让步为前提的转折。例如：
(1) 就算他这篇文章写得不大好，但总有些可取之处吧！
(2) 就算我没有跟你说过，可是你自己怎么就想不明白呢？

（四）近义词辨析：渴望、盼望

"渴望"所表达的主观意愿比"盼望"更强烈。例如：
(1) 孩子渴望得到父母的关爱。
(2) 我一直盼望着能出国旅游。

练习

一、熟读并抄写下列词语

| 渴望 | 拥挤 | 繁华 | 精美 | 时髦 | 亭台楼阁 |
| 惦记 | 昂贵 | 光彩 | 自尊 | 富裕 | 引人注目 |

二、解释下列句子中的加点词语

1. 住在乡下的人总是对城市有一种渴望。
2. 逛商场在很大程度上只是过过眼瘾而已。
3. 如果没有那些精美而无多大用处的东西，商场也就毫无诱人之处了。
4. 当人群中的每一个人都光彩夺目时，每一个人就都没有了光彩。
5. 人们始终在心里惦记着自己出生和成长的那个小村子。
6. 越看到有人进了城，就越渴望得急切。

三、选择适当的词语填空

渴望　盼望

1. 我原来_____着下周末回家一趟，现在看来走不了了。
2. 我不敢看她那双充满_____的眼睛。

必需　必须

3. 我也想多呆几天，可是单位里有任务派给我，我_____走了。
4. 这家店除了出售生活_____品，也卖一些奢侈品。

总是　都是　可是

5. 每次人们感谢他，他_____说这是他应该做的。
6. 每一次成功_____辛勤劳动的结果。
7. 他家媳妇那个贤惠，_____百里挑一啊。

寄托　委托　嘱托

8. 爸爸出发之前，_____叔叔照应家事。
9. 他对我说："这事就_____你了。"
10. 大家都把希望_____在了他身上。

不管　无论

11. _____你有什么理由，这样做都是不道德的。
12. _____成功与否，你都是好样的，因为你尽力了。

四、完成下列短语

1. 请填写中心语

精美的（　　　） 良好的（　　　） 割不断的（　　　） 拥挤的（　　　）

2. 请填写宾语

适应（　　　） 寄托（　　　） 实现（　　　） 渴望（　　　）

3. 将下列四字词语补充完整

学业（　　　）　引人（　　　）　光彩（　　　）　价格（　　　）

五、运用下列句子中的加点结构造句

1. 好像都是，又好像都不是。
2. 逛商场在很大程度上只是过过眼瘾而已。
3. 城市中的彩灯都是与商业利益有关的。
4. 不管你打扮得多么时髦，总还有人比你打扮得更时髦。
5. 年纪越大就越想回去看看。
6. 就算是跟那些乡下的孩子相比，他们即使努力不够、聪明不够，也可以有一份不错的工作。
7. 公园里的假山假水亭台楼阁怎么比得上真正田野中的清风？
8. 虽然改变了装束改变了说话的方式，但始终在心里惦记着自己出生和成长的那个小村子。

六、用指定词语完成句子

1. 他自称精通电脑，_____。（其实）
2. 他看上去无所事事，_____。（其实）
3. 不管我问了他多少遍，他_____。（始终）
4. 从电影开始播放到结束，他_____。（始终）
5. _____，他就是得不到提升。（不管）
6. _____，每天总是跑半小时步。（不管）
7. _____，老板就可能提拔你。（若）
8. _____，我一定来。（若）

七、根据课文回答问题

1. 根据课文，乡下人感到城市生活有哪些不便？
2. 乡下人发现在城市生活有哪些好处？
3. 乡下人为什么希望自己的孩子进城？

4. 第一代进城的人与他们的后代有什么不一样？

八、请以"第一代进城的人"为题复述课文

九、作文：运用下列词语，写一个小故事（字数要求：150字以上）

渴望，拥挤，快活，无奈，精美，时髦，引人注目，痛快，惦记，特征，梦想……

十、阅读俗语故事，说说它的大意

俗语来自民间百姓的口头流传，语言通俗易懂，形式多样。也叫"谚语"。

"远亲不如近邻"：远在他乡的亲戚，不如近在眼前的邻居。形容邻里关系的重要。邻里之间平时经常互相走动、串门，互相帮忙，逢上喜事也请大家来分享，常常是你家送我一碗水饺，我家送你一碗汤圆，相处极为融洽，邻里之间成为真正的朋友。这是中国老百姓在长期的生活实践中得出的这样一句富有哲理的谚语，是他们对数千年邻里生活的宝贵经验总结。

副课文

城乡差别

有一次，一个城里人去山里，路上车坏了，他就去一户农家借工具，那农家人把工具借给了他并热心地帮着修好。临走时，那农家人说，若是我们进城时口渴去你们家里讨杯水喝，你们很可能把我们乡下人当作小偷呢。

城乡差别，从古至今，在中国一直延续着。城里人、乡下人，城市、乡

村，也呈现两种景观、两种情调和两种文化氛围。

农村散落在大自然里，农民生活在大自然中，因此乡下人的自然淳朴之风也是扑面而来的。农家有三宝：鸡鸣、狗叫、娃娃吵，真像一幅清净的图画。"远亲不如近邻"，你看前院后院，左邻右舍，各自在自家院子里，隔着一条道，瞧见了也要忙里偷闲扯上两句，然后又各自忙开了。城市则远离自然，柏油路、混凝土、高楼大厦、摩登时装。城里人植草坪，种花木，远离自然又想走进自然。这里整天都是上班下班拥挤的人流，大家都在忙，楼上楼下也是匆匆擦肩而过。有的楼上楼下住几年了，居然不知道同住一幢楼中，多少有些尴尬。

除了冬天日短，人们睡得早，春夏秋三季，劳累了一天的农人们，晚饭后纷纷从自家小院走出来，三三两两，就石而坐，闲聊开来，谈村里的大事小情，也谈国家大政方针，聊庄稼长势好坏，也随便说些笑话，引来阵阵笑声。九点多钟大半散去了，因为明天还得起早忙活哩。城里人则饭后要么去散散步，逛逛公园广场，要么一家人围坐谈心，同时守着电视里关于本市的新闻节目。城里人生活可谓丰富多彩：电影院、歌舞厅、台球城，到了周末，午夜过后，还有人在夜市吃夜宵呢。而在农村人心中，周末跟平日没什么两样，他们看重的是传统节日，多要酒菜庆贺一番的。

农村人吃菜根本不需要出门，随便去园子手一挥摘一把，就可以下锅煮着炒着吃。城里人则没有这份清福，无论是否情愿都得去市场兜一圈，以准备饭菜。

农村人过着农村的生活，城里人有着城里人的活法，本应相安无事，但正如这句话说的："城里的人想出去，城外的人想进来。"于是成千上万的农业大军浩浩荡荡来到都市，都市里出现了数不清的打工仔、打工妹，他们来到城里体会山外世界的精彩与无奈。假日时，也有不少城里人开车下乡的，看看村边的清流、乡下的白云，呼吸一下田野里新鲜纯净的空气，这一切让他们觉得"乡下真好"，流连忘返。

城市乡村，两道别样的风景。

（资料来源：http://lf.lnu.edu.cn，有改动）

（一）解释加点词语

1. 各自在自家院子里，隔着一条道，瞧见了也要忙里偷闲扯上两句。
2. 大家都在忙，楼上楼下也是匆匆擦肩而过。
3. 成千上万的农业大军浩浩荡荡来到都市。
4. 城乡差别，从古至今，在中国一直延续着。
5. 乡下人的自然淳朴之风也是扑面而来的。
6. 楼上楼下住几年了，居然不知道同住一幢楼中，多少有些尴尬。
7. 城里人生活可谓丰富多彩。
8. 这一切让他们觉得"乡下真好"，流连忘返。

（二）回答问题

1. 课文里说："越现代化的城市就越没有特征。"你同意这种说法吗？请举例说明。
2. 在中国，城乡差别是比较大的。你对中国农村和城市生活的差别有所了解吗？在你的国家，农村和城市的生活有什么差别？
3. 你喜欢在农村生活还是在城市生活？谈谈你的理由。

第二单元
生活万象篇

第五课　没被改写的人生

他，出生在香港一个贫困家庭，很小就被家人送到戏班。那时，演戏是下九流的行当，只有走投无路的穷苦人家才会送孩子去学戏。

按照旧时梨园行的规矩，父亲同戏班签了生死状，在约定期限内，他的生杀大权都握在师傅手中。戏班里的管教异常严厉，本该在父母膝下承欢的年纪，他却在师傅的鞭子与辱骂下练功，吃尽了苦头。时间不长，他就偷偷跑回了家，父亲勃然大怒，坚决叫他回去："做人应当信守承诺，已经签了合同，绝不能半途而废。咱人虽穷，志不能短！"他只好重新回到戏班，刻苦练功，一练就是十几年。终于学有所成，戏曲行业却一落千丈，他空有一身本事，却毫无用武之地。当时香港电影业正在迅速发展，但是男影星都是貌比潘安，威武雄壮。个子不高、大鼻子小眼睛的他，怎么在电影界混呢？

经人介绍，他进了香港邵氏片场，做了一个"臭武行"，专门跑龙套。他扮演的第一个角色，居然是一具"死尸"。苦点累点不算什么，要命的是，跑龙套的没有尊严，时常遭人百般刁难，冷嘲热讽。在那样的环境里，他没有怨天尤人，依然刻苦勤奋。由于学了一身好功夫，加上为人厚道，几年以后，他开始担当主角，小有名气，每月能拿到3000元薪水。

有一天，行业内的何先生约他出去，请他出演一个新剧本的男主角："除了应得的报酬，由此产生的10万元违约金，我们也替你支付。"何先生说完，强行塞给他一张支票，匆匆离去。

他仔细一看，支票上竟然签着100万，好大一笔款子！他从小受尽苦难，尝遍艰辛，不就是盼望能有今天吗？可转念一想，如果自己毁约，手头正拍到一半的电影就要流产，公司必将遭受重大损失。于情于理，他都不忍弃之而去。

一宿难眠。次日清晨，他找到何先生，送还了支票。何先生很是意外，他则淡淡地说："我也非常爱钱，但是不能因为100万就失信于人，大丈夫当一诺千金。"

何先生非常欣赏这位年轻人，他的事情也很快传开了。公司得知后非常感动，主动买下了何先生的新剧本，交给他自导自演。就这样，他凭借电影《笑拳怪招》创造了当年的票房纪录，大获成功。

那年他才25岁，全香港都认识了他——成龙。从影三十多年以来，成龙一直都很拼命，重伤29次，却从未趴下，拍了八十多部电影，在全世界拥有2.9亿铁杆影迷，还是唯一把手印、鼻印留在好莱坞星光大道上的中国演员。

有一次，成龙应邀去国外参加一个颁奖典礼，大批好莱坞大牌影星云集。他有些底气不足，谦逊规矩地站在一旁。出乎意料，那些大牌影星竟然自动排好队，一一上来同他握手。他这才恍然大悟："哦，原来我也是大明星。"

在一次电视访谈中，成龙回忆起这些往事，感慨万千，深情地说道："坦率地讲，我现在得到了很多东西。但是，如果当初我背信弃义，从戏班逃走，没有这身过硬的武功，或者为了得到那100万一走了之，我的人生肯定要改写。我只想以亲身经历告诉现在的年轻人，金钱能买到的东西总有不值钱的时候，做人就应当诚实守信，一诺千金。"

做事先做人，最珍贵的莫过于一诺千金。

（据姜钦峰《没被改写的人生》，《读者》2005年22期）

生词

1. 贫困　pínkùn　（形）生活困难。例如："他的家在一个贫困的山区。"

2. 下九流　xiàjiǔliú　（名）社会地位低下、从事各种所谓下等职业的人。例如："那时候，演戏是下九流的职业。"

3. 行当　hángdang　（名）行业、职业。例如："他是哪一个行当的？"

4. 走投无路　zǒu tóu wú lù　（成）无路可走，形容处境极端困难，找不到出路。例如："只有走投无路的穷苦人家才会送孩子去学戏。"

5. 梨园　líyuán　戏院或戏曲界的别称。例如："按照旧时梨园行的规矩，成龙的父亲同戏班签了生死状。"

6. 期限　qīxiàn　（名）限定的一段时间，也指所限时间的最后界限。例如："离最后缴款的期限还差3天。"

7. 严厉　yánlì　（形）严肃而厉害。例如："他对孩子的教育十分严厉。"

8. 勃然大怒　bórán dà nù　（成）形容突然非常生气。例如："对于他逃跑回家，父亲勃然大怒。"

9. 承诺　chéngnuò　（动）对某项事务答应照办。例如："他承诺按期完成这项工程。"

10. 半途而废　bàntú ér fèi　（成）形容做事情没有完成而终止。例如："做人应当信守承诺，签订了合同，就决不能半途而废。"

11. 刻苦　kèkǔ　（形）肯下苦功夫，很能吃苦。例如："只有刻苦认真，才能成就学业。"

12. 一落千丈　yí luò qiān zhàng　（成）形容地位、境况、声誉等下降得很厉害。例如："戏曲行业一落千丈。"

13. 威武　wēiwǔ　（形）力量强大。例如："他扮演的大将军形象十分威武。"

14. 跑龙套　pǎo lóngtào　在戏中扮演随从或兵卒，或者指在人手下做无关紧要的事情。例如："成龙一开始专门跑龙套。"

15. 冷嘲热讽 lěng cháo rè fěng （成）尖刻的嘲笑和讥讽。例如："他因为没有钱和地位，每天都饱受别人冷嘲热讽。"

16. 怨天尤人 yuàn tiān yóu rén （成）形容对不如意的事情一味归咎于客观。例如："他整天怨天尤人，从不想想自己有什么过错。"

17. 担当 dāndāng （动）接受并负起责任。例如："即使工作再困难，他也勇于担当责任。"

18. 一诺千金 yí nuò qiān jīn （成）形容诺言的信用极高。例如："做人应当一诺千金。"

19. 欣赏 xīnshǎng 认为好；喜欢。例如："因为她工作积极认真，老板很欣赏她。"

20. 云集 yúnjí （动）比喻许多人从各处来，聚集在一起。例如："各国代表云集上海，参加这次经济会议。"

21. 谦逊 qiānxùn （形）谦虚恭谨。例如："他为人非常谦逊。"

22. 恍然大悟 huǎngrán dà wù （成）形容忽然醒悟、明白。例如："等她解释完，他才恍然大悟。"

23. 背信弃义 bèi xìn qì yì （成）不守信用，不讲道义。例如："做人不能背信弃义，应当一诺千金。"

专名

1. 潘安 Pān Ān 古时候的美男子。这里的"貌比潘安"是形容长相英俊。

语言点

（一）只好

副词，意思是没有别的选择；不得不。可以用在动词或形容词前。例如：
(1) 我不懂汉语，只好请他翻译。
(2) 来不及做什么好菜，只好简单一点儿了。

还可以放在主语前。例如：
(1) 他不去，只好你去了。
(2) 别人都找不到，只好我亲自去送。

（二）就

副词"就"用法很多。
1. 表示坚决。例如："做人就应当诚实守信，一诺千金。"
2. 表示在很短的时间以内。例如："请您稍等一下，他就来。"
3. 表示前后事情紧接着。例如："他穿好衣服就出去了。"
4. 表示在某种情况或条件下自然怎么样（前面常用"只要、要是、既然"等或者含有这类意思）。例如："只要刻苦努力，就能取得好成绩。"
5. 放在两个相同的成分之间，表示容忍。例如："冷点儿就冷点儿吧，省得出汗。"

（三）这样

1. 指示性状、程度和方式，多用于书面。口语多用"这么"。例如：
(1) 这样的事情经常发生。
(2) 这样看来，时机还不成熟。
(3) 就这样处理。

2. 代替某种动作或情况，用作各种句子成分。例如：

(1) 就这样，他凭借电影《笑拳怪招》创造了当年的票房纪录，大获成功。

(2) 这样是对的。

(3) 我读了两遍，又请人讲了一遍，这样我才算懂了。

"这样"与"这么"的区别：

"这么"可以指示程度、方式和数量，不能指示性状；"这样"可以指示程度、方式和性状，不能指示数量。

"这么"只能修饰动词、形容词，不能修饰名词；"这样"可以修饰名词、动词、形容词。例如：

(1) 这样的风沙在南方没见过。（不能用"这么"）

(2) 病了这么半个多月，耽误了好些事。（不能用"这样"）

练习

一、熟读并抄写下列词语

行当	管教	严厉	辱骂	承诺	厚道
主角	报酬	强行	匆匆	票房	影迷
走投无路	膝下承欢	勃然大怒	半途而废	学有所成
一落千丈	百般刁难	冷嘲热讽	怨天尤人	小有名气
一诺千金	底气不足	谦逊规矩	出乎意料	恍然大悟

二、解释下列句子中的加点词语

1. 那时，演戏是下九流的行当，只有走投无路的穷苦人家，才会送孩子去学戏。

2. 戏班里的管教异常严厉，本该在父母膝下承欢的年纪，他却在师傅的鞭子与辱骂下练功，吃尽了苦头。

3. 做人应当信守承诺，已经签了合同，绝不能半途而废。咱人虽穷，志不能短。

4. 终于学有所成，戏曲行业却一落千丈，他空有一身本事，却毫无用武之地。

5. 个子不高、大鼻子小眼睛的他，怎么在电影界混呢？

6. 经人介绍，他进了香港邵氏片场，做了一个"臭武行"，专门跑龙套。

7. 苦点累点不算什么，要命的是，跑龙套的没有尊严，时常遭人百般刁难，冷嘲热讽。

8. 由于学了一身好功夫，加上为人厚道，几年以后，他开始担当主角，小有名气，每月能拿到 3000 元薪水。

9. 何先生说完，强行塞给他一张支票，匆匆离去。

10. 可转念一想，如果自己毁约，手头正拍到一半的电影就要流产，公司必将遭受重大损失。

三、选择适当的词语填空

这样　　这么

1. 就_____，他凭借电影《笑拳怪招》创造了当年的票房纪录，大获成功。

2. 事情的经过就是_____。

3. _____好的事情怎么会轮到我呢。

4. 这件事情怎么_____难呢？

居然　　竟然

5. 他扮演的第一个角色，_____是一具"死尸"。

6. 我没想到他_____有这么大的胆子。

7. 出乎意料，那些大牌影星_____主动排好队，一一上来同他握手。

8. 这样宏伟的建筑，_____只用了十个月的时间就完成了。

四、完成下列短语

1. 请填写动词

（　　）苦头　（　　）龙套　（　　）承诺　（　　）合同

（　　）苦难　（　　）损失　（　　）纪录　（　　）典礼

2. 请填写状语

（　　）大怒　（　　）而废　（　　）介绍

（　　）离去　（　　）地说　（　　）欣赏

五、解释下列句子中"就"的意义

1. 他挂断电话，拿着公文包就出门了。（　　　　）

2. 那家饭店服务太差了，我就是不想去。（　　　　）

3. 要是叔叔没出国，他就可以和我们住在一起了。（　　　　）

4. 她的年纪比我小，给她大块儿的蛋糕，我的小点儿就小点儿吧。
（　　　　）

5. 请大家安静，会议就开始了。（　　　　）

六、运用下列句子中的加点结构造句

1. 那时，演戏是下九流的行当，只有走投无路的穷苦人家，才会送孩子去学戏。

2. 按照旧时梨园行的规矩，父亲同戏班签了生死状，在约定期限内，他的生杀大权都握在师傅手中。

3. 他只好重新回到戏班，刻苦练功，一练就是十几年。

4. 由于学了一身好功夫，加上为人厚道，几年以后，他开始担当主角，小有名气，每月能拿到3000元薪水。

5. 他从小受尽苦难，尝遍艰辛，不就是盼望能有今天吗？

6. 可转念一想，如果自己毁约，手头正拍到一半的电影就要流产，公司必将遭受重大损失。

7. 从影三十多年以来，成龙一直都很拼命，重伤 29 次，却从未趴下，拍了八十多部电影，在全世界拥有 2.9 亿铁杆影迷，还是唯一把手印、鼻印留在好莱坞星光大道上的中国演员。

8. 做事先做人，最珍贵的莫过于一诺千金。

七、用指定词语完成句子

1. 要是你不开车送我的话，＿＿＿＿＿＿＿＿＿＿＿＿＿＿＿＿＿。（只好）
2. 小宝老缠着爷爷讲故事，爷爷＿＿＿＿＿＿＿＿＿＿＿＿＿＿。（只好）
3. 她对我说出"分手"两个字后＿＿＿＿＿＿＿＿＿＿＿＿＿＿＿。（就）
4. 屋子收拾起来还真麻烦，光地板＿＿＿＿＿＿＿＿＿＿＿＿＿。（就）
5. 他为＿＿＿＿＿＿＿＿＿＿＿＿＿＿＿＿＿＿而感到吃惊。（这么）
6. 看到＿＿＿＿＿＿＿＿＿＿＿＿＿＿＿＿，她突然有想哭的感觉。（这样）

八、根据课文回答问题

1. 父母为什么要送成龙去戏班？戏班生活怎么样？
2. 他跑回家后父亲勃然大怒的原因是什么？
3. 为什么当他拿着何先生给他的支票会一宿难眠？
4. 何先生对成龙的成名起了什么作用？
5. 在颁奖典礼上，成龙为什么不知道他自己是大明星？
6. 对成龙一生影响最大的两件事是什么？
7. 成龙想告诉年轻人什么？
8. 你看过成龙主演的哪些影片？说一说你对影片的印象。

九、请以"成龙的成名过程"为题复述课文

十、作文：运用下列词语，写一个小故事（字数要求：150 字以上）

中国电影，发展，迅速，明星，导演，主角，成功，好莱坞，经历，影迷，片酬……

十一、阅读电影中的爱情格言，说说它们的大意

1. 我们只相聚了 4 天，却得到了一生的快乐。（选自《廊桥遗梦》）
2. 你恨你自己是个怕孤独的人，偏偏又爱上自由自在的灵魂。（选自《罗马假日》）
3. 世界上有那么多城镇，城镇中有那么多的酒馆，你却单单走进了我的。（选自《卡萨布兰卡》）
4. 我愿意为你付出一切，只求能再遇见你一次。（选自《人鬼情未了》）
5. 如果错过太阳时你流泪了，那请你不要错过星星。（选自《乱世佳人》）
6. 我只爱你一个人，现在是这样，以后也永远不变。（选自《魂断蓝桥》）

副课文

财 富

蒋 平

日前，著名导演张艺谋接受了美国有线电视新闻网（CNN）记者的专访。问起他的成功经历时，记者插了一句题外话："张导演，能不能问您一个私人问题？这几年，您的《英雄》、《十面埋伏》在国际国内都取得了很高的票房，您已经是国际上知名的大导演了。有人传言，在当今电影界，仅'张艺谋'这三个字，就是一个聚财的品牌，能不能透露一下您现在到底有多少财富呢？"

张艺谋仔细思考了一下，然后认真地对记者说："说来你也许不信，我的财富，只是一架旧式照相机。"记者睁大了眼睛："这怎么可能？您不会是在蒙我吧？""我说的是真心话。"张艺谋笑着说，"由于家庭出身原因，从小到大，我们家一直生活在一个受人歧视的环境里。18 岁那年，我迷上了摄影，可在当时，家里连吃饭都困难，哪里还拿得出钱买照相机供我学摄影

呢？有一天，我听人说卖血可以赚钱，于是，我瞒着家人偷偷地到城里去卖血。一连卖了5个月，终于攒够了买一架照相机的钱。"记者接过话头说："您是说，是那一架照相机引导您踏上了艺术之路？"

张艺谋深情地说："是的，凭着那架照相机给我的艺术积累，1978年我考入了北京电影学院摄影系……可以这样说，是那架照相机，或者说是那段卖血的经历，给了我特殊的人生体验，鼓励我不断挑战逆境，打破宿命，去实现人生的最大价值。所以，不管到哪里，我一直保留着它，那才是我真正意义上的财富！"

事后，记者在专访上写上了这样的话：当人们把羡慕的目光投向成功人士名利光环的时候，却往往忽略了他们身上隐藏的精神财富，那才是他们动力的源泉、制胜的要索、成功的秘诀。

（据蒋平《财富》，《读者》2006年1月）

（一）解释加点词语

1. 问起他的成功经历时，记者插了一句题外话。
2. 记者睁大了眼睛："这怎么可能？您不会是在蒙我吧？"
3. 由于家庭出身原因，从小到大，我们家一直生活在一个受人歧视的环境里。
4. 18岁那年，我迷上了摄影，可在当时，家里连吃饭都困难，哪里还拿得出钱买照相机供我学摄影呢？
5. 可以这样说，是那架照相机，或者说是那段卖血的经历，给了我特殊的人生体验，鼓励我不断挑战逆境，打破宿命，去实现人生的最大价值。
6. 当人们把羡慕的目光投向成功人士名利光环的时候，却往往忽略了他们身上隐藏的精神财富，那才是他们动力的源泉、制胜的要索、成功的秘诀。

（二）回答问题

1. 你知道张艺谋最有名的电影有哪些？
2. 张艺谋的真正财富是那架照相机吗？
3. 张艺谋的成功代表了哪一类人的成功？

第六课　泰坦尼克号

一则电视新闻:"寻宝探险家布克为了寻找1912年沉没的泰坦尼克号,从沉船上打捞起一幅保存完好的一位年轻女子佩戴着一条钻石项链的画像",引起了一位百岁老妇的注意。老妇人激动不已,随即来到布克的船上。原来她名叫露丝,就是画像上的女子。

看着画像,往事一幕幕浮现在她眼前——

1912年4月10日,被称为"世界工业史上的奇迹"的泰坦尼克号从英国的南安普顿出发驶往美国纽约,开始了它在大西洋上的处女航。

码头上人山人海,人们争相目睹人类有史以来最大、最豪华的船。露丝,一位漂亮的贵族小姐与她的母亲及未婚夫、钢铁大王之子卡尔一起登上了头等舱。与此同时,年轻的画家杰克通过与人赌博,幸运地得到了三等舱的船票,他和伙伴飞一般地跑到码头,跳上甲板,登上了泰坦尼克号,他们高声欢呼着,仿佛是大海的主人。

露丝是一个外表遵循规矩,而内心却有着强烈的反叛意识的女孩,她早已厌倦了贵族们的无聊生活。在甲板上,杰克看到了露丝,被她深深吸引。

露丝对未来的婚姻生活感到万分无奈,她的内心犹如波涛一般地汹涌澎湃。当她试图跳入大海时恰巧被杰克发现,他救了她,两人由此相识。露丝向杰克吐露着心声:"我觉得这一生不外如此，像活了一辈子似的，又像是站在悬崖边上，没人拉我回来，没人关心，甚至无人理会。"

杰克耐心地开导着露丝，带她去三等舱跳舞，甚至教她如何吐出又远又直的唾沫。

露丝的未婚夫卡尔发现了杰克和露丝的来往，他送给露丝一条价值连城的项链"海洋之心"，试图挽回同露丝的爱情。然而这一切都无法打动露丝的心，因为她已经深深地爱上了杰克。在卧室中，露丝戴上"海洋之心"，由杰克画下了那张令她永生难忘的画像。露丝决定上岸后与杰克一起生活，幸福似乎已掌握在两人手中。

然而由于泰坦尼克号撞上了冰山，船身右侧破裂了，尽管它号称"永不沉没"，人们却能感受到它在一点一点地下沉，可这时杰克却被卡尔栽赃陷害，关在下层船舱里。

露丝回到空无一人的船舱找到杰克，在紧要关头找来斧子救出他。他们来到甲板上，露丝在杰克的劝说下上了救生艇，然而在登上救生艇的最后一刻，露丝改变了主意，她重新跳回到泰坦尼克号上，决定与杰克生死与共。

杰克拉着露丝跑到船尾，爬上栏杆，直到泰坦尼克号沉没。两人落入海中，杰克将露丝推上一块木板，自己则泡在冰冷的海水中。他鼓励着露丝，要她答应好好地活下去，而他自己的身体却越来越冷，最终缓缓沉入大海……

救援船救起了露丝，杰克却被冰海永远地吞没。84年后，露丝又来到泰坦尼克号沉没的地方，将"海洋之心"抛入海中，以告杰克的在天之灵……

（据魏楚豫《一生要看的50部电影》，北京工业大学出版社，2003年）

生词

1. 探险 tàn xiǎn （离）到从来没有人去过的地方或很少有人去过的地方去考察。例如：到南极去探险；探险队。

2. 随即 suíjí （副）随后就；立刻。例如："你们先走，我随即就到。"

3. 浮现 fúxiàn （动）（过去经历的事情）再次在脑子里呈现。例如："往事又浮现在眼前。"

4. 码头 mǎtou （名）在江河沿岸及港湾内，供停船时装卸货物和乘客上下的建筑。例如：十六铺码头、新港码头。

5. 目睹 mùdǔ （动）亲眼看到。例如："他亲眼目睹了整件事情的发生。"

6. 与此同时 yǔ cǐ tóngshí （短）一件事情发生的时候另外一件事情也正在发生。例如："与此同时，年轻的画家杰克通过与人赌博，得到了三等舱的船票。"

7. 伙伴 huǒbàn （名）泛指共同参加某种组织或从事某种活动的人。例如："他和他的伙伴得到了船票，一起登上了泰坦尼克号。"

8. 反叛 fǎnpàn （动）叛变、背叛。例如："他外表遵循规矩，内心却有着强烈的反叛意识。"

9. 厌倦 yànjuàn （动）对某种活动失去兴趣而不愿继续。例如："他早就厌倦了下围棋这项活动。"

10. 无奈 wúnài （名）无可奈何。例如："出于无奈，他变卖了房产。"

11. 汹涌澎湃 xiōngyǒng péngpài （成）原义是指洪水猛然上涌的样子，现在则常用来形容人群的活动声势浩大，不可阻挡。例如："海浪汹涌澎湃敲击着海岸。"

12. 试图 shìtú （动）打算。例如："他试图脱离这个组织。"

13. 恰巧 qiàqiǎo （副）凑巧。例如："当他试图跳入大海时恰巧被杰克发现。"

14. 开导　kāidǎo　（动）以道理启发开导。例如："露丝因为考试成绩不好而痛哭流涕，老师耐心地开导她。"

15. 唾沫　tuòmo　（名）唾液。例如："他说得唾沫飞溅。"

16. 价值连城　jiàzhí lián chéng　（成）价钱高到可值若干座城池的物品。形容贵重之极。例如："这条项链价值连城。"

17. 掌握　zhǎngwò　（动）了解事物因而能充分支配或运用。例如："命运似乎掌握在他们的手中。"

18. 栽　zāi　（动）硬给安上。例如："他被栽赃陷害，进了监狱。"

19. 陷害　xiànhài　（动）设计害人。例如："他遭到了陷害，成了被怀疑的对象。"

20. 吞没　tūnmò　（动）淹没。例如："他被大海吞没了。"

语言点

（一）被动句的动词

被动句的谓语一般不能由一个单纯动词充当，只有少数复合动词（词义含有结果、完成）可以单独充当谓语，更多的是动词短语（带有结果、完成的词语），至少动词后面要加"了"或"过"。

1. 少数复合动词。例如：
   (1) 你的话可能被人误解。
   (2) 学生的建议已经被校长采纳。
   (3) 衣服全被露水浸透了。
   (4) 救援船救起了露丝，杰克却被冰海永远地吞没。

2. 带"着、了、过"。例如：
   (1) 面包被人吃了/过。

3. 带补语。例如：

(1) 我刚出门又被他叫了回来。

(2) 夜空被五彩缤纷的焰火照得光彩夺目。

(3) 1912年4月10日，被称为"世界工业史上的奇迹"的泰坦尼克号从英国的南安普顿出发驶往美国纽约，开始了它在大西洋上的处女航。

4. 带宾语。例如：

(1) 西瓜被切成四块。

（二）以

用在两个分句中后一个分句的开头，表示前一个分句的目的。例如：

(1) 露丝又来到泰坦尼克号沉没的地方，将"海洋之心"抛入海中，以告杰克的在天之灵……

(2) 他一直等在老板家的楼下，以待时机。

(3) 她立志要考上一流大学，以报答父母的养育之恩。

练习

一、熟读并抄写下列词语

| 人山人海 | 争相目睹 | 有史以来 | 与此同时 | 反叛意识 |
| 万分无奈 | 汹涌澎湃 | 生死与共 | 价值连城 | 紧要关头 |

二、解释下列句子中的加点词语

1. 老妇人激动不已，随即来到布克的船上。
2. 看着画像，往事一幕幕浮现在她眼前。
3. 1912年4月10日，被称为"世界工业史上的奇迹"的泰坦尼克号从英国的南安普顿出发驶往美国纽约，开始了它在大西洋上的处女航。

4. 码头上人山人海,人们争相目睹人类有史以来最大、最豪华的船。

5. 露丝是一个外表遵循规矩,而内心却有着强烈的反叛意识的女孩,她早已厌倦了贵族们的无聊生活。

6. 露丝的未婚夫卡尔发现了杰克和露丝的来往,他送给露丝一条价值连城的项链"海洋之心",试图挽回同露丝的爱情。

7. 可这时杰克却被卡尔栽赃陷害,关在下层船舱里。

8. 露丝回到空无一人的船舱找到杰克,在紧要关头找来斧子救出他。

三、根据课文内容填空

1. **填入适当的动词。**

（1）露丝,一位漂亮的贵族小姐与她的母亲及未婚夫、钢铁大王之子卡尔一起_____上了头等舱。与此同时,年轻的画家杰克通过与人赌博,幸运地_____了三等舱的船票,他和伙伴飞一般地_____到码头,_____上甲板,_____上了泰坦尼克号,他们高声欢呼着,仿佛是大海的主人。

（2）杰克_____着露丝_____到船尾,_____上栏杆,直到泰坦尼克号沉没。两人_____人海中,杰克将露丝_____上一块木板,自己则_____在冰冷的海水中。他鼓励着露丝,要她答应好好地活下去,而他自己的身体却越来越冷,最终缓缓_____入大海……

2. **填入适当的关联词语。**

（1）_____泰坦尼克号撞上了冰山,船身右侧破裂了,_____它号称"永不沉没",人们_____能感受到它在一点一点地下沉,_____这时杰克_____被卡尔栽赃陷害,被关在下层船舱里。

（2）_____这一切都无法打动露丝的心,_____她已经深深地爱上了杰克。

3. **填入适当的介词。**

（1）一则电视新闻"寻宝探险家布克_____寻找1912年沉没的泰坦尼克号,_____沉船上打捞起一幅保存完好的一位年轻女子佩戴着一条钻石项链的画像",引起了一位百岁老妇的注意。

(2) 1912年4月10日,被称为"世界工业史上的奇迹"的泰坦尼克号_____英国的南安普顿出发驶往美国纽约,开始了它_____大西洋上的处女航。

(3) _____甲板上,杰克看到了露丝,被她深深吸引。

(4) _____她试图跳入大海时恰巧被杰克发现,他救了她,两人_____此相识。

四、根据适当的词语填空

恰巧　凑巧

1. 真不(　　), 当玛丽从美国来北京旅游时我在重庆出差。
2. 他打电话时,她(　　)不在家。

厌倦　厌烦

3. 人民对这场战争越来越(　　)了。
4. 我们对他没完没了的唠叨感到(　　)。

伙伴　朋友

5. 他除你之外就没别的(　　)了。
6. 他是我们公司长期的合作(　　)。

开导　劝导

7. 经老师一再(　　),他终于决定抛弃放荡的生活方式,把心思放到学习上来。
8. 老师虽尽力(　　),他却仍像以前一样糊涂。

五、运用下列句子中的加点结构造句

1. 1912年4月10日,被称为"世界工业史上的奇迹"的泰坦尼克号从英国的南安普顿出发驶往美国纽约,开始了它在大西洋上的处女航。

2. 露丝对未来的婚姻生活感到万分无奈,她的内心犹如波涛一般地汹涌澎湃。

　　3. 我觉得这一生不外如此，像活了一辈子似的，又像是站在悬崖边上，没人拉我回来，没人关心，甚至无人理会。

　　4. 露丝在杰克的劝说下上了救生艇。

　　5. 然而由于泰坦尼克号撞上了冰山，船身右侧破裂了，尽管它号称"永不沉没"，人们却能感受到它在一点一点地下沉，

　　6. 露丝又来到泰坦尼克号沉没的地方，将"海洋之心"抛入海中，以告杰克的在天之灵……

六、用指定词语完成句子

　　1. 主持人拿着话筒走上台去时，忽然脚下一滑，_____。（随即）
　　2. 他把事故的经过告诉了她，_____。（随即）
　　3. 金钱能给人们带来物质财富，但_____。（与此同时）
　　4. 越来越多的外国企业选择到中国寻求发展，_____。（与此同时）
　　5. 他打电话来时，_____。（恰巧）
　　6. 他们俩正站在学校大门口聊天，这时_____。（恰巧）

七、根据课文回答问题

　　1. 泰坦尼克号是从哪里出发的？
　　2. 杰克是怎样得到船票的？
　　3. 露丝为什么对未来的婚姻生活感到万分无奈？
　　4. 露丝试图跳入大海是什么意思？
　　5. 泰坦尼克号为什么会下沉？
　　6. 露丝为什么能好好地活下去？
　　7. 全文三次提到"海洋之心"这条项链，为什么露丝最后将它抛入大海了？

八、请以"泰坦尼克号上的爱情"为题复述课文

九、作文：运用下列词语，写一个小故事（字数要求：150字以上）

　　梦想，电影，导演，影迷，成功，失败，国际……

十、阅读下面的短文，说说它的大意

马龙·白兰度

马龙·白兰度出生于1924年4月3日，1950年进入电影界，先后凭借着在《欲望号街车》、《柴巴达万岁》、《在江边》（又译《码头风云》）等影片中的卓越表演树立了他在美国影坛的地位，虽然在六十年代，他的事业曾一度出现滑坡，但是马龙·白兰度在1972年凭借《教父》再次重振声威，并在《教父》里塑造了一个里程碑式的鲜明角色，至今令人念念不忘。这位在屏幕上以其非凡魅力，百变的艺术形象成为令人着迷的传奇巨星，被公认为是在他这一代人中最了不起的一位演员。他曾两次获得奥斯卡最佳男主角奖，三次获得世界最受欢迎男演员金球奖，他整整影响了一代人。例如：阿尔·帕西诺（Al Pacino），罗伯特·德尼罗（Robert De Niro）和杰克·尼科尔森（Jack Nicholson）等著名影星。他塑造了许多令人难以忘怀的角色，例如：在《欲望号街车》中扮演的野性主角斯坦利，《在江边》里的特里和《教父》三部曲中老谋深算的教父。

副课文

奥斯卡电影奖简介

1927年5月,美国电影界知名人士在好莱坞发起组织一个"非赢利组织",定名为电影艺术与科学学院,以促进电影艺术与科学的水准,加强从业者在技巧和经验方面的心得交流,改良摄制电影的器材及设备,鼓励和奖励优秀的从业人员,设立了"电影艺术与科学学院奖",1931年后"学院奖"逐渐被其通俗叫法"奥斯卡金像奖"所代替。

"奥斯卡"这个称呼的来历说法不一,较为可信的是,1931年,电影艺术与科学学院图书馆的女管理员玛格丽特·赫里奇在仔细端详了金像奖座之后,惊呼道:"啊!他看上去真像我的叔叔奥斯卡!"隔壁的新闻记者听后写道:"艺术与科学院的工作人员深情地称呼他们的金塑像为奥斯卡。"从此,这一别名不胫而走。

奥斯卡金像奖从1929年开始,每年评选一次,从未间断过。凡前一年1月1日至12月31日上演的影片均可参加评选。金像奖的评选经过两轮投票,第一轮是提名投票,先由学院下属各部门负责提名(采用记名方式),获得提名的影片,将在学院本部轮流放映,观后学院的所有会员再进行第二轮投票(采用不记名方式),最后以得票的多少决定影片的获奖。

获奖名单是高度保密的。学院会员投票后,选票全交美国的普莱斯·沃特豪斯会计事务所加以统计。选票放在保险箱内,荷枪实弹的警卫人员日夜守护。统计后的用纸则全部烧毁,绝对保密。各项获奖名单,分别装入密封的各个信袋,直到颁奖当日当刻,由司仪当众拆封宣布。

奥斯卡奖分成就奖和特别奖及科学技术奖三大类。成就奖主要包括最佳影片、最佳剧本、最佳导演、最佳表演(男女主、配角)、最佳摄影、最佳美工、最佳音乐、最佳剪辑、最佳服装设计、最佳化妆、最佳短片、最佳纪录片、最佳外国语影片等。特别奖则有荣誉奖、欧文·撒尔伯格纪念奖、琼·赫肖尔特人道主义奖、科技成果奖和特别成就奖。在上述众多奖之中,最具影响的为最佳影片奖,而最佳男女奖属表演主奖,获奖人有"影帝"、

"影后"之称，是男女演员们凯觎的殊荣。

前十九届奥斯卡奖只评美国影片，从第二十届起，才在特别奖中设最佳外语片奖。其参选影片必须是上一年11月1日至下一年10月31日在某国商业性影院公映的大型故事片。每个国家只选送一部影片，这部影片由该国的电影组织或审查委员会推荐，且须加盖英文字幕，送交学院外国片委员会审查。然后进行秘密投票选出五部提名影片。观摩完五部影片后，再由四千名美国影界权威人士组成的评审委员会，选出一部最佳外国语片。该项奖只授予作品，不授予个人。

（资料来源：http://baike.baidu.com，有改动）

（一）解释加点词语

1. 鼓励和奖励优秀的从业人员，设立了"电影艺术与科学学院奖"，1931年后"学院奖"逐渐被其通俗叫法"奥斯卡金像奖"所代替。

2. 较为可信的是，1931年，电影艺术与科学学院图书馆的女管理员玛格丽特·赫里奇在仔细端详了金像奖座之后，惊呼道："啊！他看上去真像我的叔叔奥斯卡！"

3. 从此，这一别名不胫而走。

4. 奥斯卡金像奖从1929年开始，每年评选、颁发一次，从未间断过。

5. 选票放在保险箱内，荷枪实弹的警卫人员日夜守护。

6. 在上述众多奖之中，最具影响的为最佳影片奖，而最佳男女奖属表演主奖，获奖人有"影帝"与"影后"之称，是男女演员们凯觎的殊荣。

7. 每个国家只选送一部影片，这部影片由该国的电影组织或审查委员会推荐，且须加盖英文字幕，送交学院外国片委员会审查。

8. 观摩完五部影片后，再由四千名美国影界权威人士组成的评审委员会，选出一部最佳外国语片。

（二）回答问题

"奥斯卡"这个称呼是怎么来的？

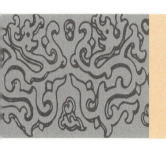

第七课 "夺子战争"——爸爸输给了游戏机

儿子又逃夜了。萧鸣自言自语:"肯定又去游戏机房了。"他顾不上身体的疲劳和饥饿,走出房门,又开始了他的"地毯式"寻找。

这几年,为了寻找为玩游戏机而多次逃夜的儿子小成,萧鸣走遍了市区几乎所有的游戏机房。满满三大张纸上记着七十一家游戏机房的地址,边上还记着儿子曾经在此玩游戏的次数。

3月的上海还十分寒冷,萧鸣跑了大半夜,没有找到儿子,却从公安机关获悉:他那十六岁的儿子小成为获得玩游戏机的钱,入室偷了16500元,已被公安机关拘留了。

多年的担心终于变成现实,萧鸣再也受不了了,不由得一下子坐在地上,长长地叹了一口气,自言自语道:"这场与游戏机的'夺子战争',我输了。"随后,他低下头沉思起来。让他无法理解的是,在一个完整的,并不缺少爱的家庭里,造成子女教育失败的原因究竟在哪里?

在安徽省绩溪县工作的萧鸣夫妇原是上海知青,儿子小成的出生曾经给他们带来快乐。成长中的小成更是给萧鸣夫妇带来了自豪和骄傲。小成从小爱好游泳,游泳成绩很不错,还进入当地的体育学校接受专门训练。

绩溪县是一个小地方,由于受游泳馆场地条件的限制,游泳训练只能在夏季进行，为此，望子成龙的萧鸣夫妇将还在读小学的儿子送到了上海，由小成的祖父母带养，萧鸣每月在上海与绩溪两地来回赶。直到1993年，祖父母年纪大了，带养孩子越来越力不从心了，而小成的学习和训练又已到了最为重要的时候，萧鸣决定辞去安徽某公司经理的职务，回到自己的故乡——上海。

有一次，萧鸣意外地发现儿子逃夜了。那天，学校通知萧鸣夫妇小成没有上学，而晚上孩子也没有回家。第二天，萧鸣的弟弟将孩子找了回来。原来，小成上学时去玩游戏机，付牛奶费的钱被人偷了，孩子便不敢回家了。有了第一次，便有第二次、第三次的逃课、逃练和逃夜，每一次萧鸣都是在游戏房找到儿子。有一次，小成在训练时偷懒，教练要他写检查又没写，教练让他回来叫父亲去，小成害怕父亲骂他，干脆躲进了游戏机房，一呆就是两天。这一次，萧鸣打了儿子，让儿子写下保证书，并采取了接送、陪练的办法。

萧鸣一年的辛劳终于有了回报。小学毕业那年，小成以较好的成绩考上了一所市重点中学。但是，随着小成自己上学、训练的次数增多，渐渐地，萧鸣对儿子又失去控制了。为寻找儿子，萧鸣曾在一家游戏机房门口的墙上贴过一张寻人启事，并请游戏机房老板帮助寻找，老板满口答应了，但最终萧鸣还是自己在这家游戏机房找到了儿子。

这一次，小成是从2月的一天开始从家里逃夜在外的。那天放学后，小成发现自己的自行车被人偷了，加上在游戏机房门口被窃的四辆自行车，这已是第七辆被偷的车了。他似乎看到了父亲那双不信任的眼睛。他想，如果这次再以这个理由来解释，父亲肯定不会相信自己的。于是，他干脆不回家了。他白天在游戏机房打游戏，晚上躲进公众电脑屋过夜，直到身上带的钱全部花光，最后不得不入室盗窃。

第七课 "夺子战争"——爸爸输给了游戏机

在写给检察机关的信中,萧鸣写道:"望子成龙,使自己对小成在学习和训练上要求过高过严,损害了孩子正常的生活和娱乐。孩子学习和训练成绩差时便骂他、惩罚他,造成小成逃学逃训,去争取他的'自由'——玩游戏机,最后,以出走的方式来获得他的'自由',最终导致他走上犯罪的道路。"

这位既痛苦又无奈的父亲最后大声呼吁:为了救救我们的孩子,愿天下的父母结束不切实际的"望子成龙"的思想和"逼子成龙"的做法,使孩子的天性得到回归。

(资料来源:http://www.pyfz.gov.cn,有改动)

生词

1. 游戏机 yóuxìjī (名)用来玩电子游戏的装置。例如:"小成又去玩游戏机了。"
2. 自言自语 zìyánzìyǔ 自己对自己说话。例如:"她自言自语地说:'我到底把手表放哪儿了呢?'"
3. 获悉 huòxī (动)得到消息,知道(某事)。例如:"获悉他的死讯,她感到非常难过。"
4. 居民 jūmín (名)固定住在某一地方的人。例如:"这是一座有着一千多万居民的大城市。"
5. 拘留 jūliú (动)把违反治安管理的人短期关在公安机关拘留所内,是一种行政处罚。例如:"他因酗酒闹事而被拘留。"
6. 随后 suíhòu (副)表示紧接某种情况或行动之后,多与"就"连用。例如:"你们先走吧,我随后就来。"
7. 沉思 chénsī (动)深思。例如:"为了回答这个问题,他坐在那里沉思了半天。"

8. 自豪　zìháo　（形）因为自己或者与自己有关的集体或个人具有优良品质或取得很大成就而感到光荣。例如："他自豪地看着自己的工作成果。"

9. 望子成龙　wàngzǐchénglóng　（成）指父母希望自己的孩子长大以后成才。例如："家长们普遍存在望子成龙的心态。"

10. 力不从心　lì bù cóng xīn　心里想做可是能力跟不上。例如："他独自一人管理这么大的公司，感到有些力不从心，必须找帮手。"

11. 辞　cí　（动）告别；辞职；辞退；躲避；推脱。例如："他对这个工作不满意，想辞职。"

12. 偷懒　tōu lǎn　（离）贪图安逸、省事，逃避应做的事。例如："做这项工作意味着不能偷一点儿懒。"

13. 干脆　gāncuì　（副）索性。例如："既然不想去，干脆别去了！"

14. 保证书　bǎozhèngshū　为了保证某件事情而写成的书面材料。例如："保证书还有效，所以厂家会给修理的。"

15. 辛劳　xīnláo　（名）辛苦劳累。例如："一分辛劳一分收获，你的付出一定会得到回报。"

16. 回报　huíbào　（名）报答。例如："在这个世上，只有一种爱是不需要回报的，那就是父母对子女的爱。"

17. 启事　qǐshì　（名）为了公开声明某事而登在报刊上或贴在墙壁上的文字。例如："墙上贴出了一张寻物启事。"

18. 信任　xìnrèn　（动）相信而敢于托付。例如："你不应该随便信任陌生人。"

19. 损害　sǔnhài　（动）使事业、利益、健康、名誉等蒙受损失。例如："光线不好，看书容易损害视力。"

20. 娱乐　yúlè　（名）快乐有趣的活动。例如："下棋是他最大的娱乐。"

21. 惩罚　chéngfá　（动）严厉地处罚。例如："罪犯一定会受到法律的惩罚。"

22. 出走　chūzǒu　（动）不声张地离开家庭或当地。例如："他十三岁那年就离家出走了。"

23. 导致　dǎozhì　（动）引起。例如："他的严重错误导致了重大的损失。"
24. 罪　zuì　（名）作恶或犯法的行为。例如："他犯了什么罪？"
25. 呼吁　hūyù　（动）向个人或社会申诉，请求援助或主持公道。例如："警方向群众呼吁不要惊慌。"
26. 天性　tiānxìng　（名）指人先天具有的品质或性情。例如："爱玩儿是孩子的天性。"

专名

1. 安徽省　Ānhuī Shěng　中国的一个省份。
2. 绩溪县　Jīxī Xiàn　安徽省南部的一个县。

语言点

（一）顾

动词，照管；注意。一般不能单用，可带名词、动词、形容词、小句作宾语。

1. 用于肯定式时，一般要在"顾"前加"只、光、就、净"等副词表示强调。例如：

（1）光顾说话，把事情忘了。
（2）别光顾说话，把事情忘了。

比较：顾得（不）了、顾不得、顾上、顾得（不）过来。例如：

（1）这些事情你一个人顾得了吗？（全照管到）

(2) 母亲远离在外,也顾不得我们。(无法照顾)

(3) 任务紧急,顾不得这许多了。(无法考虑)

(4) 时间太紧,顾不上吃饭了。(来得及)

(5) 时间太紧,顾不上你了。(照管)

(6) 这一大堆行李,我一个人简直顾不过来。(不能全照管到)

2. 用于正反并列形式。例如:

(1) 顾了这头,丢了那头。

(2) 顾了老人,顾不了孩子。

(二) 而

连词,连接具有因果关系的两个成分。例如:

(1) 因困难而退却的人,不会有任何成就。

(2) 这几年,为了寻找为玩游戏机而多次逃夜的儿子小成,萧鸣走遍了市区几乎所有的游戏机房。

(三) 近义词辨析:满、全

形容词,都可以修饰名词,"全"除了可以修饰名词外,还可以修饰或补充动词。例如:

(1) 全城、全村、全身、全国、全楼、全连、全套、*全街、*全口/嘴

(2) 满城、满村、满身、*满国、*满楼、*满连、*满套、满街、满口/嘴

(3) 亲戚朋友全到了。/*亲戚朋友满到了。

(4) 春节用的东西都置备全了。/*春节用的东西都置备满了。

(5) 教室里坐满了学生。/*教室里坐全了学生。

第七课 "夺子战争"——爸爸输给了游戏机

练习

一、熟读并抄写下列词语

呼吁　　导致　　获悉　　干脆　　娱乐　　力不从心
沉思　　自豪　　天性　　惩罚　　信任　　望子成龙

二、解释下列句子中的加点词语

1. 他顾不上身体的疲劳和饥饿，走出房门，又开始了他的"地毯式"寻找。
2. 萧鸣跑了大半夜，没有找到儿子，却从公安机关获悉……
3. 小成在训练时偷懒。
4. 小成害怕父亲骂他，干脆躲进了游戏机房，一呆就是两天。
5. 望子成龙，使自己对小成在学习和训练上要求过高过严，损害了孩子正常的生活和娱乐。
6. 最后，以出走的方式来获得他的"自由"，最终导致他走上犯罪的道路。
7. 老板满口答应了，但最终萧鸣还是自己在这家游戏机房找到了儿子。
8. 祖父母年纪大了，带养孩子越来越力不从心了。

三、根据课文内容选词填空

辞　来回　限制　职务　望子成龙　力不从心　重要　进行

绩溪县是一个小地方，由于受游泳馆场地条件的_____，游泳训练只能在夏季_____，为此，_____的萧鸣夫妇将还在读小学的儿子送到了上海，由小成的祖父母带养，萧鸣每月在上海与绩溪两地_____赶。直到1993年，祖父母年纪大了，带养孩子越来越_____了，而小成的学习和训练又已到了最为_____的时候，萧鸣决定_____去安徽某公司经理的_____，回到自己的故乡——上海。

四、选择适当的词语填空

担心　　担忧

1. 目前的经济状况十分令人_____。
2. 孩子们放学后没有回家,我非常_____。
3. 我听到本周没有航班的消息,禁不住_____起来。
4. 已经连续下了两天雨了,他们_____河流会发洪水。

损害　　伤害　　损失

5. 这次台风给这个市造成的直接经济_____达500万元。
6. 他的这句话深深地_____了孩子,为此他内疚了很久。
7. 他的行为_____了国家的集体的利益。
8. 毒品对人体的_____有时候是致命的。

回报　　报答

9. 他的辛勤劳动终于得到了丰厚的_____。
10. 我不知道我该怎样_____他。

信任　　相信

11. _____是人与人相处的基本条件。
12. 别说_____了,他压根儿就不_____我。

启示　　启事

13. 我在墙上看到一则征稿_____。
14. 这本书_____我们应该怎样度过自己的一生。

五、完成下列短语

接受（　　）　辞去（　　）　采取（　　）　失去（　　）
损害（　　）　争取（　　）　写下（　　）　躲进（　　）

六、运用下列句子中的加点结构造句

1. 由于受游泳馆场地条件的限制，游泳训练只能在夏季进行。
2. 小成害怕父亲骂他，干脆躲进了游戏机房，一呆就是两天。
3. 随着小成自己上学、训练的次数增多，渐渐地，萧鸣对儿子又失去控制了。
4. 多年的担心终于变成现实，萧鸣再也受不了了，不由得一下子坐在地上。
5. 望子成龙，使自己对小成在学习和训练上要求过高过严。
6. 有了第一次，便有第二次、第三次逃课和逃夜，每一次萧鸣都是在游戏房找到儿子。

七、用指定词语完成句子

1. 你先进去，我_____。（随后）
2. 妈妈听说自己的孩子出了交通事故，脸都白了，_____。（随后）
3. 他找了半天还找不到丢失的手表，_____。（干脆）
4. 既然你对这个工作实在没兴趣，不如_____。（干脆）
5. 比赛前，他因为压力太大_____。（而）
6. 正方形有四条边，_____。（而）

八、根据课文回答问题

1. 你读了小成玩游戏导致犯罪的故事有什么感受？
2. 对于小成的父亲萧鸣"望子成龙"的做法，你有什么想法？

九、请以"玩游戏导致犯罪"为题复述课文

十、作文：运用下列词语，写一个小故事（字数要求：150字以上）

获悉，疲劳，饥饿，顾不上，沉思，自豪，限制，力不从心，偷懒，干脆，控制，信任，导致，……

十一、阅读俗语故事，说说它的大意

"养不教，父之过"：生育子女，只知道养活他们，而不去教育他们，那就是做父亲的过错。语出《三字经》。

《三字经》是宋朝王应麟编，是中国古代影响最大、最有代表性的启蒙书籍，传播中华民族人伦的基本常识、人际关系、道德规范和典型故事，大都采用韵文，每三字一句，四句一组，像一首诗一样，背诵起来。例如唱儿歌，用来教育子女，琅琅上口十分有趣，又能启迪心智，广为流传，历久不衰。无论对中国学生还是留学生来说，《三字经》都是一本学习中华文化不可多得的入门之书。

副课文

溺爱与过于严厉都不利于孩子成长

家长在教育方面最容易出现对孩子过于溺爱和严厉这两个倾向。溺爱是孩子心理健康的大敌，但溺爱却在独生子女家庭中普遍存在，尤其是与爷爷、奶奶在一起生活的孩子。天真、幼小如一张白纸的孩子，最需要家长经常性的正确教育和引导。但是溺爱却成了家庭中教育、引导孩子的障碍。孩子常常是在不知道错还是对的心理状态下干自己想干的一切。溺爱使成人不能给孩子以适当的批评，教孩子明白哪些是对的，哪些是错的；哪些能干，哪些不能干；哪些是好的，哪些是不好的。经常会听到90%以上溺爱孙子的老人对年轻的父母这样说："孩子小，别对孩子说长道短的！"这样，溺爱使家长对孩子正常而又非常必要的教育受到阻挠或大打折扣。

其次是过于严厉。每当孩子犯了错误，许多家长就忍不住要发脾气，出口就是"打你"等叫喊,严厉地责骂孩子。有一半的家长曾经对婴儿叫嚷,或生气地呵斥。孩子长到学龄前左右,90%以上的父母都难以控制对孩子的训斥或语言伤害。有时家长的言语和举止让孩子不知所措。有不少家长对孩子的顶撞不能容忍,大声责骂他们。父母的言语攻击与孩子的精神疾病密切相关。研究表明,过于恐惧和害怕的心理就会变成极有害的病态。家长的语言狂暴会导致孩子形成抑郁症、暴食甚至犯罪。例如:在大多数人看来很平常的情况,孩子却感到极端恐怖,这样的孩子往往会成为不健全的焦虑症患者。因此,一些国家颁布了法律,禁止家长采取会致使孩子精神痛苦的惩戒行为。

当然,关键不在法律,而是教育。家长要注意通过一些有效方式,与孩子建立温和融洽的关系,例如:与孩子经常一起进行户外活动,营造一种持久的充满爱的气氛。这样,家长在与孩子可能发生冲突后,孩子可能会对家长或多或少有所理解,因而对家长一时的过激言行产生的后果能起到缓解作用,或许对家长虽然过激却正确的批评能顺从地接受。

(资料来源:http://www.jttop.com,有改动)

(一) 解释加点词语

1. 天真、幼小如一张白纸的孩子,最需要家长经常性的正确教育和引导。
2. 溺爱却成了家庭中教育、引导孩子的障碍。
3. 孩子小,别对孩子说长道短的。
4. 溺爱使家长对孩子正常而又非常必要的教育受到阻挠或大打折扣。
5. 有时家长的言语和举止让孩子不知所措。
6. 家长在教育方面最容易出现对孩子过于溺爱。
7. 有不少家长对孩子的顶撞不能容忍。
8. 家长要注意通过一些有效方式,与孩子建立温和融洽的关系。

(二) 回答问题

在你的国家,父母教育子女的方式一般是怎样的?如果你是一位家长,你会怎样教育自己的孩子?

第八课　我的大学生活

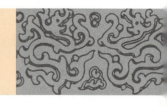

　　我的家乡在内蒙古赤峰市的一个小山村，父母是地地道道的农民。我是村里第一个考上大学的孩子。然而，那张红通通的大学录取通知书并没有给我带来多少兴奋。通知书上那昂贵的学费让我毫无办法。我看着父母，父母无可奈何地看着我。

　　不知道从哪里来的勇气，我一遍遍告诉自己：不要放弃，未来掌握在自己手里！于是，我自己开始为学费而奔走，从亲戚到朋友，从老师到同学。开学前一周，我终于凑足了学费。

　　背着一个背包，我独自坐上了南下的列车。

　　跨进江苏大学校门后，我来到工商银行特困生贷款咨询处申请助学贷款。办手续，找资料，当我提起笔准备在贷款合同上签字的时候，我的手开始颤抖了——这份贷款合同代表着我人生的一次转折，从此以后，再没有人义务为我做什么，我必须为自己做的每一件事情负责。我的未来，我的梦想，一切都在自己手中，一切都要靠我自己来创造。在这个离家千里的地方，我必须靠自己的努力来寻找一片属于自己的天空。

　　最后我认真地在那份贷款合同上签下了自己的名字。我知道，我必须这样做，也只能这样做，我别无选择。

　　江苏大学英语00级2班的同学都是来自大江南北的优秀学子。坐在教室里开始上课的时候，我才意识到自己有多差。我的入学成绩排在班级的后五名之内，听着同学们标准的发音，我深深地感到了自己的不足。我决心奋起直追。

尽管银行卡上只有工商银行定期打来的每月两百元的生活费，我还是跑到了新华书店，买了最权威的牛津字典、最物美价廉的收音机和复读机，开始了我的"英语长征"。每天早起和晚睡前，我都会塞上耳机，收听VOA、BBC，尽管我什么也听不懂；早操结束后，又对着复读机练习发音。

当时我有一种感觉：我和别人站在同一条起跑线上，枪声响了，大家一起出发，别人在跑，而我是在爬。但我的目标是，和他们同时甚至比他们更早到达终点。

大一结束，我的总成绩排到了班级前十名，但以0.01分之差错过了奖学金。暑假，我没有回家，因为我要用这一个月的时间赚足下学期的生活费。我找了两份家教，在镇江最热的七八月份，每天坐公交车从城南赶到城北，又从城北赶回城南。开学前一个星期，我拿到了第一份工资，1600元人民币，那是我第一次拿到这么多属于自己的钱。

大二那年，我吸取以前的教训，开始改变学习方法，更加努力地学习和复习。期末考试结束后，班长打电话给我说："亚丽，你考了我们班上第一名！"我简直不敢相信自己的耳朵：我居然考了全班第一名。

毕业典礼上，当校长把毕业证书、学位证书和江苏大学优秀毕业生证书发到我手上的时候，站在领奖台上，我激动万分。从接到录取通知书到大学毕业，父母给我的钱加起来不到九千元。我就是用这些钱上了四年的大学。贷款交学费，再用打工工资和奖学金还贷款，暑假去赚下个学年的生活费，周末去赚买书的钱。毕业的时候，我不仅还完了银行所有贷款，还和其他同学一起拿到了毕业证书，我竟真的和所有人一起到了终点！

在那些为了提高学习成绩而熬夜，为了生活而到处奔忙的日子里，我并没有放弃自己的爱好。我是每年度的优秀学生记者；

是外国语学院的通讯部部长，负责院内新闻的采访；是班上的班长，组织大家去爬山、去春游。我读了十几本自己喜欢的英文小说，看遍了大礼堂放过的所有好莱坞电影。

四年的大学生活，改变了我的性格，也许会改变我的一生。在这里，我学会了独立，学会了吃苦，也学会了坚强。更重要的是，在江苏大学里，我交了很多好朋友：学校领导、老师、工商银行的工作人员，班内班外的同学、校友、家教过的学生和家长。他们对我的那份关心和信任，让我心头充满了温暖。

我真的很感谢这种生活，这种经历，这会是我今生最宝贵的财富。

（据王亚丽《一个贫困生的自白：我用9000元上完四年大学》，《大学周刊》2004年9月10日）

生词

1. 录取　lùqǔ　（动）选定（考试合格的人）。例如："2005年，香港大学录取了250名内地学生。"
2. 无可奈何　wú kě nàihé　（成）没有办法。例如："他没有买到所需要的那本书，无可奈何地离开了书店。"
3. 勇气　yǒngqì　（名）敢作敢为、毫不害怕的气魄。例如："辞去一份稳定的工作需要很大的勇气。"
4. 奔走　bēnzǒu　（动）为一定的目的而到处活动。例如："他为保护动物而四处奔走。"
5. 凑　còu　（名）聚集；拼凑。例如："大家凑到这里来听他讲故事。"
6. 足　zú　（形）充足，足够。例如："长期的睡眠不足损害了他的健康。"
7. 独自　dúzì　（副）自己一个人。例如："他喜欢独自旅行。"

8. 列车　lièchē　（名）火车。例如："这趟列车从北京开往广州。"

9. 贷款　dài kuǎn　（离）银行等机构借钱给需要用钱的部门或个人。例如："如果不向银行贷款，他们是买不起房子的。"

10. 咨询　zīxún　（动）征求意见。例如："最近我老失眠，朋友建议我去心理咨询中心咨询一下。"

11. 申请　shēnqǐng　（动）向上级或有关部门说明理由，提出请求。例如："他打算出国留学，目前正在申请外国大学的奖学金。"

12. 签字　qiān zì　（离）在文件上写上自己的名字，表示负责。例如："这份文件必须要你本人签字才可以生效。"

13. 颤抖　chàndǒu　（动）发抖。例如："他的双手颤抖着，那封信从他手中掉了下去。"

14. 转折　zhuǎnzhé　（动）事物在发展过程中改变原来的方向、形势等。例如："从农村来到城市，这是他生命中的一次转折。"

15. 义务　yìwù　（名）公民或法人按法律规定应尽的责任。例如："依法纳税是每个公民应尽的义务。"

16. 意识　yìshí　（动）觉察。例如："面对孩子振振有辞的争辩，他这才意识到孩子已经长大了，不再会对自己的话言听计从。"

17. 奋起直追　fènqǐ zhí zhuī　（成）振作起来赶上去。例如："在目前落后的情况下，我们只有奋起直追，才能生存发展。"

18. 权威　quánwēi　（形）威望使人信服的。例如："张医生是本医院最权威的医生。"

19. 物美价廉　wù měi jià lián　（成）物品质量好，价格也合适。例如："第一百货的商品物美价廉，大家都喜欢去那里购物。"

20. 塞　sāi　（动）把东西放进有空隙的地方。例如："我看见他偷偷地把一块手表塞进衣服口袋。"

21. 起跑线　qǐpǎoxiàn　（名）跑步比赛中，在起点所画的一条线。例如："发令员一声令下，只见五位运动员像箭一样冲出了起跑线。"

22. 奖学金　jiǎngxuéjīn　（名）学校、团体或个人给予学习成绩优良的学生的奖金。例如："为鼓励优秀学生，学校设立了多项奖学金。"

23. 赚 zhuàn （动）获得利润。例如："他一心想赚大钱，却不知该如何行动。"

24. 吸取 xīqǔ （动）吸收采取。例如："他没有吸取上次失败的教训，所以这次又没成功。"

25. 居然 jūrán （副）表示出乎意料。例如："我们都认为他会去的，可他居然不肯去。"

26. 证书 zhèngshū （名）由机关、学校、团体等发的证明资格或权力等的文件。例如："他们准备明年春天去领结婚证书。"

27. 万分 wànfēn （副）非常。例如："听到这个坏消息，她感到万分难过。"

28. 熬 áo （动）忍受（疼痛或艰苦的生活等）。例如："在巨大的压力下，他觉得日子难熬。"

29. 熬夜 áo yè （离）整夜或深夜不睡觉。例如："为了按时完成那个项目，他连续熬了一个月的夜。"

30. 奔忙 bēnmáng （动）奔走操劳。例如："快毕业了，他正在为找到一个合适的工作而奔忙。"

31. 采访 cǎifǎng （动）搜集寻访。例如："昨天，我们单位救起落水小孩的王涛接受了《新闻晚报》记者的采访。"

32. 吃苦 chī kǔ （离）经受艰苦。例如："俗话说：吃苦在前，享乐在后。你没有耕耘哪来收获？"

专名

1. 内蒙古 Nèiménggǔ 中国省级行政区，全称为"内蒙古自治区"。
2. 赤峰市 Chìfēng Shì 城市名，在内蒙古自治区。
3. 工商银行 Gōngshāng Yínháng 中国工商银行的简称。
4. 牛津字典 Niújīn Zìdiǎn 英国牛津大学组织编撰和出版的字典，在英文字典中比较权威。

5. BBC： 英国广播公司（British Broadcasting Corporation）的简称。
6. VOA： 美国之音（Voice of America）的简称。
7. 镇江　Zhènjiāng　城市名，位于江苏省。
8. 好莱坞　Hǎoláiwū　美国著名的电影生产基地，位于美国加利福尼亚州洛杉矶市郊区。

语言点

（一）并列复句

前后两个句子的意思一致，或者后一句是对前一句的解释说明。有的并列复句没有关联词语，例如：

（1）从此以后，没有人再有义务为我做什么，我必须为自己做的每一件事情负责。

（2）这几年家里经济条件越来越好，房子有了，电器有了，汽车也有了。

有的并列复句有关联词语。例如：

（1）到2004年，我国老年人总数将增至3.74亿，占全国人口总数的24.48%，也就是说，那时中国每四个人中就有一个是老人。

（2）"文如其人"，换句话说，什么样的人写什么样的文章。

（二）才

1. 表示事情发生或结束得晚。

（1）前面有表示时间晚、历时长、数量多的词语。例如：

坐在教室里开始上课的时候，我才意识到自己有多差。

我一连跳了三次才跳过横竿。

大力士吃了十碗面条才吃饱。

他们二十八岁才结婚，有点晚了。

（2）前面有问原因的疑问词语。例如：

你怎么才来？

你为什么现在才说呢？

2. 表示事情发生或结束得早，或数量少。例如：

（1）他们才十八岁就结婚，有点儿早了。

（2）你们都有十本书，我才一本书。

（三）不仅

"不仅"和"而且、并且、还"等配合起来连接两个并列小句，表示除所说的意思之外，还有更进一层的意思。也可以连接并列的名词性成分或介词短语。"不仅"也可以换用"不但、不光、不只"。

1. 两个小句主语相同时，"不仅"多放在主语后；主语不同时，"不仅"多放在主语前。后一小句必用"而且、并且、也、还、又"等呼应。例如：

（1）我不仅还完了银行所有贷款，还和其他同学一起拿到了毕业证书。

（2）不仅生活条件改善了，人的精神面貌也改变了。

2. "不仅……而且……"可以连接名词性成分或介词短语（均限于谓语前）。例如：

（1）不仅所有的男生，而且几乎所有的女生都参加了这次运动会。

（2）不仅在这家饭店，而且在这条路上的所有饭店都增设了新年特餐。

练习

一、熟读并抄写下列词语

| 转折 | 颤抖 | 属于 | 意识 | 无可奈何 |
| 吸取 | 采访 | 财富 | 信任 | 物美价廉 |

二、解释下列句子中的加点词语

1. 父母是<u>地地道道</u>的农民。
2. 我看着父母，父母<u>无可奈何</u>地看着我。
3. 开学前一周，我终于<u>凑足</u>了学费。
4. 我到新华书店买了最<u>权威</u>的牛津字典和最<u>物美价廉</u>的收音机。
5. 我的总成绩排到了班级前十名，但以0.01分<u>之差</u>错过了奖学金。
6. 我简直不敢相信自己的耳朵：我<u>居然</u>考了全班第一名。
7. 于是，我自己开始为学费而<u>奔走</u>。
8. 我必须这样做，也只能这样做，我<u>别无选择</u>。

三、选择适当的词语填空

无可奈何　郑重　意识　物美价廉　权威

1. 他突然_____到自己犯了一个极大的错误。
2. 经济学_____专家认为目前不合适买房。
3. 每个人都有自己_____的事。
4. 你曾经_____地答应过我的事，怎么会忘了呢？
5. 21世纪以来，_____的中国商品大量进入欧洲市场。

竟然　居然　果然

6. 我怎么也没有想到，他_____是班上的好学生。
7. 我没有想到，他_____是班上的好学生。
8. 不出我所料，他_____没有去成北京。
9. 我万万没有想到，他_____骗我。

控制　掌握

10. 对那里的情况，你们_____了多少？
11. 他努力_____住自己的脾气。

四、完成下列短语

1. 请填写宾语

凑（　　）　办（　　）　找（　　）　还（　　）

到达（　　）　跨进（　　）　赚足（　　）　错过（　　）

申请（　　）　放弃（　　）　改变（　　）　充满（　　）

2. 填写中心语

昂贵的（　　）　标准的（　　）　权威的（　　）　宝贵的（　　）

3. 请填写量词

一（　　）转折　一（　　）天空　一（　　）感觉

一（　　）工资　一（　　）关心　一（　　）财富

五、运用下列句子中的加点结构造句

1. 毕业的时候，我不仅还完了银行所有贷款，还和其他同学一起拿到了毕业证书。

2. 尽管银行卡上只有工商银行定期打来的每月两百元的生活费，我还是跑到了新华书店。

3. 从接到录取通知书到大学毕业，父母给我的钱加起来不到九千元。

4. 在这里，我学会了独立，学会了吃苦，也学会了坚强。

六、用指定词语完成句子

1. 你太粗心了，_____。（居然）

2. _____，太可笑了。（居然）

3. 我们对他的好意_____。（万分）

4. 他今天早上在市中心广场跑步时，不小心丢了手机，_____。（万分）

5. 只有懂得金钱对人的意义的人，_____。（才）

6. 他看了报纸后_____。（才）

七、根据课文回答问题

1. 当"我"接到大学通知书时，父母为什么"无可奈何"地看着"我"？
2. "我"大学第一年的学费是怎么解决的？
3. "我"为什么申请助学贷款？
4. "我"的大学是怎么过的？
5. "我"毕业的时候，取得了怎样的成绩？
6. "我"从大学生活学到了什么？

八、请以"一个农村女孩子的大学生活"为题复述课文

九、作文：运用下列词语，写一个小故事（字数要求：150字以上）

地道，红通通，兴奋，勇气，奔走，颤抖，转折，负责，梦想，创造，奋起直追，目标，信任，温暖，财富……

十、阅读民间故事，说说它的大意

龟兔赛跑的故事

兔子向动物们夸耀他的速度："我从来没有失败过。当我奔跑时，没有人比我更快。"

乌龟平静地说："我要与你比赛。""真是笑话，我可以边玩边和你赛跑。"兔子说。

比赛开始了，一眨眼工夫，兔子已经跑得不见了踪影，但是他觉得自己跑得快，就躺在路边睡着了。

乌龟慢腾腾地却持续不停地走。当兔子一觉醒来，他看到乌龟已经快到终点线了。兔子输了比赛。

副课文

大学打工族面面观

当今的大学校园里，兼职招聘广告到处都是，学生半工半读的现象已非常普遍。校园打工一族中，从事家教工作的人数最多。此外，商品推销员、市场调查员、网络管理员以及兼职翻译、导游、美工设计等工作也非常热门。尽管大学生打工的形式多样，但打工的目的主要有三种：

第一，"挣钱"约占60%。大二学生小刘来自贫困地区，父母常年患病，妹妹刚上初一，家里经济非常困难。进入大学，学习费用和日常消费对于他来说，是一笔巨大的开支，他期望靠打工来解决个人生活问题和缓解家庭经济压力。像小刘这样为挣钱打工的占打工一族中的绝大多数。

其二，"锻炼自我"约占25%。打工一族中这部分学生的家庭状况大多并不困难，甚至有些家庭收入还很不错。武汉科技大学医学院高级护理专业的小王家住广州，家里生活条件很好。今年暑假，她找了一份替老太太做家庭护理的工作。像小王这样以"锻炼自我"而打工的多为大二、大三学生，他们具备了一定的理论知识，缺少的是实际操作的机会。对于他们来说，打工并不是为了解决经济问题，吸引他们的是工作本身。他们要到丰富多彩的社会生活中去锻炼自己。

其三，"实现自我价值"约占15%。这部分大学生进入大学后，面对个个都很优秀的同学，总觉得不再有以往的"辉煌"。于是，这部分大学生选择兼职打工，希望以此找到自己的价值。

不管打工一族由于什么目的打工，那都是他们自己的选择。然而，对于打工的好处和坏处，不同的人却有不同的看法。

从大一上学期就开始兼职打工的大三学生小张做过多种工作，他说，打工帮助他解决了经济困难，学到了学校里学不到的知识，获得了宝贵的社会经验，提高了他的自我生存能力，自我价值在一定程度上也得到了体现。但他又告诉记者，由于他平时不是打工，就是学习，实在少有时间与同学们交流，感觉离同学们越来越远，有时真搞不清楚自己到底是大学生还是打工仔。

一位家长对大学生打工给予了充分的肯定，他说，以前孩子暑假不是呆在家里看电视，就是到处闲逛，连自己的衣服都懒得洗。今年暑假，孩子打了一段时间工后，回家后抢着做家务，对父母也更加体贴，看来打工使他真的长大了。这位学生自己说道："以前过惯了饭来张口、衣来伸手的生活，不知赚钱的艰难。自己亲身体验打工后，才让我感觉到赚钱的艰难，体会到父母的辛苦。"

（资料来源：http://news.sina.com.cn，有改动）

（一）解释加点词语

1. 校园打工一族中，从事家教工作的人数最多。
2. 此外，商品推销员、市场调查员、网络管理员等工作也非常热门。
3. 父母常年患病。
4. 今年暑假，她找了一份替老太太做家庭护理的工作。
5. 有时真搞不清楚自己到底是大学生还是打工仔。
6. 以前孩子暑假不是呆在家里看电视，就是到处闲逛。
7. 孩子回家后抢着做家务。
8. 以前过惯了饭来张口、衣来伸手的生活。
9. 学生半工半读的现象已非常普遍。
10. 回家后抢着做家务，对父母也更加体贴。

（二）回答问题

大学生打工，在经济上和生活上学会自立是大学生活经常会提到的话题。你如何看待大学生打工？你认为学生上大学以后应该完全独立自主、在经济上不再依赖家庭吗？你打过工吗？在你的国家，人们一般是如何处理这个问题的？

第三单元
历史文化篇

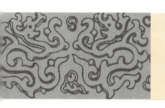

第九课　晏子巧对楚王

春秋时期，齐国有个宰相叫晏婴，人们尊称他为晏子。

有一次，齐王派晏子访问楚国。楚王知道后，问左右的大臣："晏子身材矮小，但很有名气。他到我们楚国来，我想侮辱他一下，显示显示我国的威风，你们有什么好办法？"

大臣们都开始动起脑筋来。这时，一名大臣悄悄地对楚王说："晏子十分聪明，很会说话，不好对付，必须这样……"接着说出了自己的好办法。楚王听了称赞不止。

楚王叫工人在国都城东门的旁边开了一个不到五尺高的洞，歪歪斜斜安上一个门，并吩咐守城门的兵士说："齐国使节晏子来到时，不必开城门，让他从这个小门进就行了。"

第二天，晏子坐车来到东门，见城门紧闭，便叫手下喊门。守城门的兵士却打开小门，要晏子从小门进去。

晏子立即明白了他们的用心，指指小门洞说："这是狗洞，不是国宾进出的大门。只有到狗国去的人才从狗门钻进去，今天我是到你们楚国来，不是到狗国来，不应该从狗门进去。"

守门兵士一听，没了主意，迅速去报告楚王。楚王无可奈何，只好叫人打开城门，让晏子从大门走进来。

进了王宫，晏子拜见楚王。楚王故意惊讶地问："你们齐国没有人了吗？"

晏子不慌不忙地回答说："我们齐国国都临淄人多极了，呵出的气能凝成白云，举起衣袖能遮住太阳，流汗就像下雨一样。街上的行人肩碰着肩，脚挨着脚，怎么能说没有人呢？"

"既然这样，为什么要派你这么个矮人来我们楚国？"

晏子从容答道："我们齐王派遣使节有个原则，有道德有才能的人被派遣到有道德有才能的国王那里去，那些没有才能的人被派遣到没有才能的国王那里去。我晏婴在齐国是最没有出息的人，所以只能被派遣到你们楚国来。"

楚王被挖苦得一句话也说不出来，心里暗暗佩服晏子的聪明。

吃饭的时候，楚王亲自陪着。忽然有几个兵士押着一个犯人从客厅下走过。楚王问：

"这个人犯了什么罪？"

"他偷东西。"兵士回答说。

"罪犯是什么地方的人？"

"齐国人。"

楚王回头看着晏子，说："齐国人喜欢偷东西呀！"

晏子知道这是预先安排好来侮辱他的，就冷冷地一笑，说："我听说江南有一种桔子，味道又香又甜，如果种在江北的话，味道就变得又酸又苦。为什么呢？是因为土质不同。齐国人在齐国不偷东西，到了楚国就开始偷东西了。这是楚国的风气使他变的，这与齐国有什么关系？"

楚王被反驳得无以对答，半天才叹了口气说："我本想戏弄你，现在反倒被你戏弄了。"

晏子笑而不语。

（据李炳然《智力故事300个》，山东教育出版社，1985年）

第九课 晏子巧对楚王

生词

1. 宰相　zǎixiàng　（名）中国封建王朝辅助君主掌管国事的最高官员的通称。例如："电视剧《宰相刘罗锅》正在热播。"

2. 尊称　zūnchēng　（动）尊敬地称呼。例如："大家都尊称他为老师。"

3. 臣　chén　（名）君主时代的官吏。例如："在中国封建时代，君要臣死，臣不得不死。"

4. 身材　shēncái　（名）身体的高矮和胖瘦。例如："身材高大"、"身材苗条"。

5. 侮辱　wǔrǔ　（动）使对方人格或名誉受到损害，蒙受耻辱。例如："他听到这些侮辱的话，不由大怒。"

6. 显示　xiǎnshì　（动）明显地表现。例如："他在工作中显示出卓越的领导才能。"

7. 威风　wēifēng　（名）使人敬畏的声势或气派。例如："'八面威风'这则成语的意思是形容声势显赫、威望极盛的样子。"

8. 脑筋　nǎojīn　（名）指思考、记忆等能力。例如："他脑筋好，多少年前的事还记得。"

9. 不止　bùzhǐ　（动）不停止。例如："听到这个消息，他大笑不止。"

10. 国都　guódū　（名）首都。例如："在中国古代历史上，西安曾经是十多个朝代的国都。"

11. 安　ān　（动）安装。例如："没请别人帮忙，她自己在房间里安了空调。"

12. 守　shǒu　（动）防守。例如："为祖国守边疆。"

13. 兵士　bīngshì　（名）士兵。例如："发生洪水的时候，兵士们被派出去抗洪救灾。"

14. 使节　shǐjié　（名）现代指由一个国家派驻在另一个国家的外交代表。古代指由一个国家派遣到另一个国家去办理事务的代表。例如："小李正在陪同外交使节团参观奥运会场馆。"

15. 闭　bì　（动）关；合。例如"闭嘴"、"闭眼"、"闭幕"、"闭门造车"、"闭门思过"、"闭门谢客"。

16. 用心　yòngxīn　（名）居心；存心。例如："他这样对我们是别有用心。"

17. 国宾　guóbīn　（名）接受本国政府邀请前来访问的外国元首或政府首脑。例如："这里是政府首脑接见国宾的地方。"

18. 呵　hē　（动）呼（气）；哈（气）。例如："呵了一口气。"

19. 凝　níng　（动）凝结。例如："血液在伤口周围凝固了。"

20. 衣袖　yīxiù　（名）衣服的袖子。例如："衣袖太长了，我不得不把它卷起来。"

21. 遮　zhē　（动）一个物体挡住了另一个物体，使它不显露。例如："月亮被乌云遮住了。"

22. 从容　cóngróng　（形）不慌不忙；镇静；沉着。例如："他从容地掏出钱包付了一千元。"

23. 派遣　pàiqiǎn　（动）（政府、机关、团体等）命人到某处做某项工作。例如："派遣代表团访问各友好国家。"

24. 原则　yuánzé　（名）说话或行事所依据的法则或标准。例如："她做事向来很有原则。"

25. 才能　cáinéng　（名）知识和能力。例如："他是一个有多方面才能的人。"

26. 挖苦　wākǔ　（动）用尖酸刻薄的话讥笑人。例如："评论家狠狠地挖苦他的新作。"

27. 暗暗　àn'àn　（副）在暗中或私下里，不显露出来。例如："他暗暗下定决心，一定要帮助这个可怜的孩子。"

28. 佩服　pèifú　（动）感到可敬可爱。例如："我十分佩服他的工作能力。"

29. 押　yā　（动）拘送（犯人或俘虏）交给有关方面。例如："把犯人押到牢房。"

30. 犯人　fànrén　（名）罪犯。例如："我又不是犯人，干吗那样看着我？"

31. 犯罪　fàn zuì　（离）做出犯法的、应受处罚的事。例如："他犯了什么罪？"
32. 预先　yùxiān　（副）在事情发生或进行之前。例如："他预先提醒过我这件事，所以我没忘。"
33. 反驳　fǎnbó　（动）说出自己的理由，来否定别人跟自己不同的理论或意见。例如："他反驳说：'这完全是你的错！'"
34. 戏弄　xìnòng　（动）耍笑捉弄；拿人开心。例如："他很爱戏弄人，但并没什么恶意。"
35. 反倒　fǎndào　（副）连词，表示跟上文意思相反或出乎预料和常情之外。例如："风不但没停，反倒越来越大了。"
36. 不语　bùyǔ　（动）不说话。例如："他默默不语，似乎在想什么心事。"

专名

1. 春秋　Chūnqiū　中国公元前722～公元前481的一段历史时期，是中国历史上社会经济急剧变化，政治局面错综复杂，军事斗争层出不穷，学术文化异彩纷呈的一个变革时期。

2. 齐国　Qí Guó　春秋时期的一个诸侯国，古齐国位于今山东省中东部。

3. 晏婴　Yàn Yīng　齐国著名的宰相。

4. 楚国　Chǔ Guó　春秋时期的一个诸侯国，位于今湖北省一带。

5. 临淄　Línzī　古代城市名，是齐国的首都，位于今山东省。

6. 江南　Jiāngnán　长江以南的地区。

语言点

（一）动词/形容词 + 极了

"极了"为程度补语。例如：多极了、忙极了、容易极了、喜欢极了。

类似的程度补语还有："死了"、"坏了"、"透了"等。例如：恨死了、高兴死了、累坏了、乐坏了、糟透了、讨厌透了。

（二）因果语段

前后几个句子之间是因果关系，经常使用"因为"、"由于"、"所以"等关联词。例如：

（1）我们齐王派遣使节有个原则，有道德有才能的人被派遣到有道德有才能的国王那里去，那些没有才能的人被派遣到没有才能的国王那里去。我晏婴在齐国是最没有出息的人，所以只能被派遣到你们楚国来。

（2）我们说顾客是我们的衣食父母，如果没有顾客，就没有我们的今天。所以，我们要向这些衣食父母还情、报恩，这也是人之常情嘛。

（三）暗暗

情态副词，表示悄然、悄悄地。例如：

（1）楚王心里暗暗佩服晏子的聪明。

（2）他暗暗吃了一惊，却不表现出来。

（四）反倒

语气副词，表示悖反，跟前文意思相反或出乎预料之外，在句中起转折作用。例如：

（1）我本想戏弄你，现在反倒被你戏弄了。

（2）老杨住得最远，反倒先到了。

第九课 晏子巧对楚王

比较：反倒、反而、反

"反而"、"反"义同"反倒"，但"反倒"多用于口语，"反"多用于书面。

练习

一、熟读并抄写下列词语

身材　　侮辱　　显示　　脑筋　　无可奈何
惊讶　　慌忙　　从容　　派遣　　不慌不忙

二、解释下列句子中的加点词语

1. 楚王吩咐守城门的兵士说："齐国使节晏子来到时，不必开城门，让他从这个小门进就行了。"
2. 守门兵士一听，没了主意，迅速去报告楚王。
3. 我晏婴在齐国是最没有出息的人，所以只能被派遣到你们楚国来。
4. 春秋时期，齐国有个宰相叫晏婴，人们尊称他为晏子。
5. 晏子从容答道："我们齐王派遣使节有个原则，有道德有才能的人被派遣到有道德有才能的国王那里去。
6. 晏子笑而不语。
7. 楚王问左右的大臣："晏子到我们楚国来，我想侮辱他一下，你们有什么好办法？"
8. 楚王被挖苦得一句话也说不出来，心里暗暗佩服晏子的聪明。

三、根据课文内容选词填空

碰　流　举　呵　挨　遮　凝

我们齐国国都临淄人多极了，_____出的气能_____成白云；_____起衣袖能_____住太阳；_____汗就像下雨一样。街上的行人肩_____着肩，脚_____着脚，怎么能说没有人呢？

只能　只好　只有

1. _____到狗国去的人才从狗门钻进去，今天我是到你们楚国来，不是到狗国来，不应该从狗门进去。

2. 楚王无可奈何，_____叫人打开城门，让晏子从大门走进来。

3. 我晏婴在齐国是最没有出息的人，所以_____被派遣到你们楚国来。

四、选择适当的词语填空

拜访　访问

1. 国家主席结束了对南非的国事_____于今天乘专机抵达北京。

2. 等过年我回家了来_____您。

3. 国际原子能机构总干事巴拉迪将于3月13日正式_____朝鲜。

吩咐　嘱咐

4. 我们俩做什么，请你_____。

5. 他再三_____孩子到了学校一定要好好学习。

风气　风俗

6. "入乡随俗"这个词的意思是：到一个地方就按照当地的_____习惯生活。

7. 我们不能纵容这种不良的社会_____。

佩服　敬佩

8. 她做得一手好菜，我真_____她！

9. 出于_____和同情，她主动去照料他母亲的生活。

五、完成下列短语

侮辱（　　）　显示（　　）　派遣（　　）　戏弄（　　）

访问（　　）　吩咐（　　）　报告（　　）　打开（　　）

佩服（　　　） 明白（　　　） 拜见（　　　） 遮住（　　　）

六、运用下列句子中的加点结构造句

1. 大臣们都开始动起脑筋来。
2. 楚王听了称赞不止。
3. 楚王被挖苦得一句话也说不出来，心里暗暗佩服晏子的聪明。
4. 我本想戏弄你，现在反倒被你戏弄了。
5. 既然这样，为什么要派你这么个矮人来我们楚国？

七、用指定词语完成句子

1. 他在报上看到这则小新，_____。（暗暗）
2. 我在心里_____：怎么这么笨！连一句"谢谢"都忘了说。
3. 为了事先为您做好准备，请_____。（预先）
4. 只要_____，我们就不收你送货费。（预先）
5. 为什么睡得越久，_____？（反倒）
6. 他本想借此机会表现一下自己，没想到_____。（反倒）

八、根据课文内容，选择正确答案

1. 晏子到楚国去（　　　）。
   A. 访问　　　　　　　　B. 看楚王
   C. 受辱　　　　　　　　D. 投奔楚国

2. 楚王想侮辱晏子，是因为（　　　）。
   A. 晏子很有才能　　　　B. 晏子很有名气
   C. 他想显示楚国的威风　D. 他不喜欢晏子

3. 楚王叫人在城门边开了一个小门，想让（　　　）从小门进去。
   A. 狗　　　　　　　　　B. 齐王
   C. 兵士　　　　　　　　D. 晏子

4. 在回答楚王齐国为什么派他访问楚国时，晏子回答的意思是（   ）。
   A. 楚王是有道德、有才能的国王
   B. 楚王是没有才能的国王
   C. 晏子是有道德、有才能的人
   D. 晏子是没有才能的国外

5. 关于那个罪犯，晏子的话的意思是（   ）。
   A. 齐国人在齐国偷东西
   B. 楚国的风气不好，让齐国人变成了小偷
   C. 楚国人到了齐国，也会偷东西
   D. 齐国人在齐国不偷东西，在楚国也不偷东西

九、请以"楚王三难晏子"为题复述课文

十、作文：运用下列词语，写一个小故事（字数要求：150字以上）

尊称，侮辱，显示，威风，动脑筋，对付，称赞，歪歪斜斜，用心，惊讶，不慌不忙，从容，派遣，挖苦，暗暗，佩服，犯罪，预先，反驳，反倒……

十一、阅读谚语故事，说说它的大意

三个臭皮匠，顶个诸葛亮

诸葛亮是中国古代四大名著之一——著名历史小说《三国演义》里的一个重要人物，是三国时代蜀国的军师，是智慧的化身，在中国民间家喻户晓，妇孺皆知。《三国演义》留下了诸葛亮"草船借箭"、"空城计"等著名的智慧故事，充分显示了诸葛亮过人的智慧。

"三个臭皮匠，顶个诸葛亮"是说虽然一个臭皮匠没有多少智慧，但如果有三个臭皮匠聚在一起，他们合起来的智慧不亚于一

个诸葛亮。这句谚语比喻人多智慧多，有事情大家多商量，就能想出好办法来。

副课文

曹冲称象

三国时期，吴国的孙权送给曹操一头大象。

大象生长在南方，江北的人只听说过，可是从来没有见到过。曹操非常高兴，就带了儿子和大臣们一同去观看。

大象站在河边，简直像一堵墙，四条腿比房柱子还粗，两只耳朵耷拉着，像两把大蒲扇。

大家边看边新奇地议论着。曹操问大家：

"你们谁有办法称出这头大象的重量？"

有一个大臣不假思索地说："那好办，造杆大秤，称一称就知道了。"

"哪有那么长的秤杆？"有人反驳说。

"砍一棵高高的大树不就有了？"

"就是有了那样的秤，谁有那么大的力气把大象提起来？"

那个大臣被问得张口结舌。

又有一个人说："办法倒有一个，就怕使不得。就是把大象宰了，一块肉一块肉地称。"

大家听了，不由得撇了撇嘴。曹操听了，不以为然地摇摇头。

"我有一个办法。"曹操的儿子，六岁的曹冲站出来说，"把大象赶到一条船上，在船帮齐水的地方画一条线，把大象赶上岸，再把一筐筐石头抬到船上去，等船下沉到画线的地方为止。然后把船上的石头一筐一筐称过，加起来就是大象的重量。"

众人听后，不由得连声称赞。曹操也点头微笑，叫人照曹冲说的去办，果然称出了大象的重量。

（据李炳然《智力故事300个》，山东教育出版社，1985年）

（一）解释加点词语

1. 有一次，吴国的孙权为了讨好曹国，特意送给曹操一头大象。
2. 大象站在河边，简直像一堵墙。
3. 大家边看边新奇地议论着。
4. "哪有那么长的秤杆？"有人反驳说。
5. 大家听了，不由得撇了撇嘴。
6. 有一个大臣不假思索地说："那好办，造杆大秤，称一称就知道了。"
7. 办法倒有一个，就怕使不得。
8. 那个大臣被问得张口结舌。
9. 曹操听了，不以为然地摇摇头。

（二）回答问题

1. 读了正课文和副课文，你觉得晏子和曹冲聪明吗？你更喜欢哪个故事？为什么？
2. 在你的国家，有类似的智慧故事吗？请你讲一个。

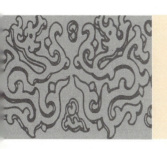

第十课　中国画里乡村
——黟县宏村

在上一个世纪甚至更久以前，中国最富有的人群并不是现在的沿海地区，而是徽商和晋商，其中尤以徽商创造的经济文化成就最为突出。古徽州不仅风景优美，还有独特的民间习俗。走近徽州，步入徽州民居，那白色的墙、青色的瓦，墙上精致的雕刻，仿佛走进了梦中的家园，回到了过去的岁月。

黟县宏村是距屯溪65公里的一个小村庄，也许是深藏群山、远离现代文明的缘故，这个始建于南宋，有着800多年历史的古村，至今仍然保留着许多古徽州建筑。

初秋的一个早晨，我们来到了宏村。虽然在来宏村之前，我们已经在摄影作品中看过宏村的模样，但我们还是被眼前如画的风景迷住了：群山、蓝天、绿水，还有白墙青瓦的徽州民居，整个古村落就像一幅充满诗意的中国画一般。

宏村有两个湖和一条溪。南湖据说是模仿杭州西湖的"平湖秋月"而建，还有一个稍小的湖更有意思，整个湖是月牙形状，名叫月塘。宏村正是因为有了这南湖和月塘，才更添一份精神，显得生动而美妙。我们顺着湖边的小路走着，只见宽阔的南湖和月牙似的月塘像一大一小两面镜子，将富有音乐感的徽州民居和蓝天白云、青山红叶都倒影在里面，使人分不清哪处是水中、哪处是岸上。当微风轻轻吹过湖面，水中的风景慢慢地变模糊，又变成了一幅写意山水画。那写意山水随着微风的吹动不断变化着，一回头间，随着风的离去，水中岸上又恢复到原来的景色了。

南湖和月塘不仅是宏村风景最动人的地方，更是宏村结构布局的重点。村子因南湖和月塘之水而成牛形，因此宏村又叫"牛形村"。其实，宏村不仅仅以其众多的明、清徽州建筑和如画美景著名，更以它独特的牛形布局著称。古宏村人规划并建造了可以说是"中华一绝"的牛形村庄。仔细在宏村转一圈，你会发现，村子的西头就像牛头，前后四座桥恰似四条牛腿，村中几百幢明清建筑如同牛身，整个村落就像一头大水牛，真是建筑史上的一大奇观。

古宏村人为什么要将村落设计为牛形，我们并不知道，但是古宏村人如牛一般勤劳是肯定的。在徽州，有"四门三面水，十姓九汪家"的说法。汪氏是徽州最有名的家族，他们靠着自己的勤劳和学识，为徽州赢得无数荣誉和财富。

宏村就是比较有名的汪姓居住地之一。现在宏村的汪家后人，一样具有很强的经济头脑，虽然村子没大门也没设售票处，当我们离开时，村人还是向我们每人收了二十元参观费。这二十元钱和宏村的美景相比当然是很便宜的，我们只是奇怪村里为什么不开发一下，在进村之处设个售票亭，村人说："不用，外地人我们一眼就能认出来，一般大家都愿意掏这二十元钱，不愿掏的就算了。"看来，经济头脑和有知识、懂道理的徽州风气被今天的徽州人继承下来了。

（资料来源：http://www.go8000.com，有改动）

生词

1. 甚至 shènzhì （连）强调突出的事例（有更进一层的意思）。例如："我们这儿，青年人、中年人、老年人，甚至四五岁的小孩儿都会游泳。"

2. 沿海 yánhǎi （名）靠海的一带。例如："一般来说，中国沿海城市的经济比西部地区发达。"

3. 民间 mínjiān （名）人民中间。例如："这是一个动人的民间故事。"

4. 精致 jīngzhì （形）（制造）精巧细致。例如："展览会上的工艺品件件都很精致。"

5. 雕刻 diāokè （名）雕刻成的艺术作品。例如："她正在美术学校学习雕刻。"

6. 缘故 yuángù （名）原因。例如："他到现在还没来，不知什么缘故。"

7. 摄影 shèyǐng （动）照相。例如："摄影是他的一大爱好。"

8. 迷 mí （动）醉心于某事物。例如："她被眼前的景色迷住了。"

9. 溪 xī （名）小河沟。例如："两个村庄间是一条清澈的小溪。"

10. 月牙 yuèyá （名）新月，口语里常儿化。例如："《月牙儿》是中国著名作家老舍写的一篇小说。"

11. 宽阔 kuānkuò （形）范围广；面积宽。例如："这条马路很宽阔，可以并排开五辆车。"

12. 富有 fùyǒu （形）拥有大量财产。例如："他是一个富有的商人。"（动）大量具有（多指积极方面的）。例如："晚会上表演了许多富有民族特色的歌舞节目。"

13. 倒影 dàoyǐng 人或物的影子映在水里。例如："小猴看到月亮在水里的倒影，感到很好奇。"

14. 模糊 móhu （形）不分明；不清楚。例如："信纸被雨水打湿了，上面的字迹模糊了。"

15. 景色　jǐngsè　（名）风景。例如："日出的景色十分壮观。"
16. 动人　dòngrén　（形）感动人。例如："她是个美丽动人的姑娘。"
17. 布局　bùjú　（动）对事物的结构、格局进行全面安排（多指作文、绘画等）。例如："这幅画画面布局匀称。"
18. 规划　guīhuà　（动）做计划。例如："董事长用两个小时阐述了公司的规划。"
19. 建造　jiànzào　（动）修建。例如："这个房子是用木头建造的。"
20. 仔细　zǐxì　（形）细心。例如："我仔细地把作业检查了一遍。"
21. 转　zhuàn　（动）走；逛。例如："我喜欢在休息日背上书包到处转转。"
22. 如同　rútóng　（动）好像。例如："整个大厦灯火通明，如同白天。"
23. 奇观　qíguān　（名）指雄伟美丽而又罕见的景象或出奇少见的事情。例如："钱塘江的潮汐是一个奇观。"
24. 勤劳　qínláo　（形）努力劳动，不怕辛苦。例如："她整天忙忙碌碌，朋友们说她像一只勤劳的小蜜蜂。"
25. 家族　jiāzú　（名）以血统关系为基础而形成的社会组织，包括同一血统的几辈人。例如："这个家族住在本地已有一百多年了。"
26. 赢得　yíngdé　（动）博得。例如："演员们精彩的表演赢得了阵阵掌声。"
27. 荣誉　róngyù　（名）光荣的名誉。例如："大学毕业时，他获得了'优秀毕业生'的荣誉称号。"
28. 财富　cáifù　（名）具有价值的东西。例如："时间是一笔巨大的财富。"
29. 头脑　tóunǎo　（名）脑筋；思维能力。例如："爷爷虽然那么大年纪了，头脑依然十分清楚。"
30. 设　shè　（动）设立；布置。例如："该公司的总部设在北京。"
31. 开发　kāifā　（动）以荒地、矿山、森林、水力等自然资源为对象进行劳动，以达到利用的目的；开拓。例如："开发黄河水力。"
32. 风气　fēngqì　（名）社会上或某个集市中流行的爱好或习惯。例如："本次调查结果显示，公众最关注的社会问题是社会风气问题。"

33. 继承　jìchéng　（动）接受前人遗留下来的东西；继续做前人留下来的事业。例如："我们要继承前人留下来的优秀传统。"

专名

1. 黟县　Yī Xiàn　地名，中国安徽省黄山市的一个县，位于黄山西南麓。
2. 徽商　Huīshāng　安徽商人。
3. 晋商　Jìnshāng　山西商人。
4. 屯溪　Túnxī　黄山市市政府所在地。
5. 南宋　Nánsòng　中国封建时代的一个朝代，公元1127～1279年

注释

1. 平湖秋月　pínghú qiūyuè　浙江省杭州市的"西湖十景"之一。
2. 写意山水画　xiěyì shānshuǐhuà　用写意画法画的山水画。"写意画"是中国画传统的画法之一，与"工笔画"相对，用豪放、简练、洒落的笔墨描绘物象的形神，抒发作者的感情。

语言点

（一）并不是……而是……

并列复句关联词，"并不是"后面部分为否定的情况，"而是"后面为肯定的情况。例如：

（1）在上一个世纪甚至更久以前，中国最富有的人群并不是现在的沿海地区，而是徽商和晋商。

（2）并不是因为事情难，而是因为我们不敢做。

（二）虽然（虽、虽说、虽说是）

表示让步，承认甲事为事实，但乙事并不因此而不成立。

1. 用在前一小句，可在主语前或主语后。后一小句常用"但是、可是、还是、仍然、可、却"等呼应。例如：

（1）虽然在来宏村之前，我们已经在摄影作品中看过宏村的模样，但我们还是被眼前如画的风景迷住了。

（2）虽然他不想承认，但这毕竟是事实。

2. "虽然"用于后一小句，必在主语前。前一小句不能用"但是、可是"。多用于书面。例如：

（1）北京方面还没有回信，虽然我方已经三次打电话去催问。

（2）我仍然主张尽快动手术，虽然保守疗法也有一定疗效。

（三）当＋小句/动＋的时候（时）

表示事件发生的时间。多用在主语前，有停顿。例如：

（1）当微风轻轻吹过湖面，水中的风景慢慢地变模糊，又变成了一幅写意山水画。

（2）当我们离开时，村人还是向我们每人收了二十元参观费。

（四）因（为）……而

组成一个动词短语，常用在助动词或"不"后面。表示原因。例如：

（1）村子因南湖和月塘之水而成牛形。

（2）她经常因工作压力太大而失眠。

（五）看来

插入语，依据客观情况估计。例如：

（1）看来，经济头脑和有知识、懂道理的徽州风气被今天的徽州人继承下来了。

（2）这事看来他不会反对。

第十课 中国画里乡村——黟县宏村

练习

一、熟读并抄写下列词语

甚至　　精致　　雕刻　　缘故　　宽括　　蓝天白云
奇观　　赢得　　荣誉　　财富　　继承　　青山红叶

二、解释下列句子中的加点词语

1. 这个始建于南宋、有着800多年历史的古村，至今仍然保留着许多古徽州建筑。
2. 宏村正是因为有了这南湖和月塘，才更添一份精神，显得生动而美妙。
3. 随着风的离去，水中岸上又恢复到原来的景色了。
4. 整个村落就像一头大水牛，真是建筑史上的一大奇观。
5. 宽阔的南湖和月牙似的月塘像一大一小两面镜子，将富有音乐感的徽州民居和蓝天白云、青山红叶都倒影在里面。
6. 南湖和月塘不仅是宏村风景最动人的地方，更是宏村结构布局的重点。

三、根据课文内容选词填空

富有　恢复　吹　顺　模糊　宽阔　倒影　分

我们＿＿＿＿着湖边的小路走着，只见＿＿＿＿的南湖和月牙似的月塘像一大一小两面镜子，将＿＿＿＿音乐感的徽州民居和蓝天白云、青山红叶都＿＿＿＿在里面，使人＿＿＿＿不清哪处是水中、哪处是岸上。当微风轻轻＿＿＿＿过湖面，水中的风景慢慢地变＿＿＿＿，又变成了一幅写意山水画。那写意山水随着微风的吹动不断变化着，一回头间，随着风的离去，水中岸上又＿＿＿＿到原来的景色了。

四、选择适当的词语填空

成就　　成果

1. 我们应该尊重清洁工的劳动_____，不在马路上乱丢果皮纸屑
2. 二十多年的改革开放，中国在经济文化教育卫生各领域都取得了辉煌的_____。
3. 朋友开玩笑说："我们都去睡觉吧，不是都说梦想_____未来吗。"

规划　　计划

4. 无论做什么，先_____一下再动手总是没错的。
5. 城市建设应该有一个总体_____。
6. 明天就是周末了，你有什么_____吗？

精致　　精细

7. 这条裙子的花边十分_____。
8. 我们的地毯做工十分_____。

宽敞　　宽阔

9. 这间房屋十分_____。
10. 这条道路十分_____。

勤奋　　勤劳

11. 学生们_____学习，老师对此十分满意。
12. 他的儿子已经成长为一个健壮_____的小伙子。

五、完成下列短语

1. 请填写量词

一（　　）村庄　　一（　　）小溪　　一（　　）建筑
一（　　）水牛　　一（　　）镜子　　一（　　）山水画

2. 请填写宾语

创造（   ）　　充满（   ）　　富有（   ）　　恢复（   ）

回到（   ）　　远离（   ）　　开发（   ）　　继承（   ）

3. 请填写中心语

独特的（   ）　　精致的（   ）　　宽阔的（   ）

如画的（   ）　　诗意的（   ）　　勤劳的（   ）

动人的（   ）　　众多的（   ）　　有名的（   ）

六、运用下列句子中的加点结构造句

1. 在上一个世纪甚至更久以前，中国最富有的人群并不是现在的沿海地区，而是徽商和晋商。
2. 其中尤以徽商创造的经济文化成就最为突出。
3. 古徽州不仅风景优美，还有独特的民间习俗。
4. 整个古村落就像一幅充满诗意的中国画一般。
5. 宏村正是因为有了这南湖和月塘，才更添一份精神，显得生动而美妙。
6. 也许是深藏群山、远离现代文明的缘故，这个始建于南宋、有着800多年历史的古村，至今仍然保留着许多古徽州建筑。
7. 我们已经在摄影作品中看过宏村的模样，但我们还是被眼前如画的风景迷住了。
8. 宏村以它独特的牛形布局著称。

七、用指定词语完成句子

1. 对于这个问题，好多人还不完全理解，＿＿＿＿＿＿＿＿＿＿。（甚至）
2. 我并不在意你说了什么，＿＿＿＿＿＿＿＿＿＿＿＿＿＿。（而是）
3. ＿＿＿＿＿＿＿＿＿＿＿＿，但还有一些人有不同的意见。（虽说）
4. ＿＿＿＿＿＿＿＿＿＿＿＿＿＿，我们应该伸出援手。（当……时）
5. 当时他是＿＿＿＿＿＿＿＿＿＿＿＿＿离开中国的。（因……而）

6. 在听她解释自己为什么迟到时,老师表情十分严肃,_____。(看来)

八、请以"介绍一个徽州古民居村"为题复述课文

九、看图描述"美丽的安徽民居"。

十、作文:运用下列词语,写一篇关于继承传统的文章

(字数要求:150字以上)

富有,突出,成就,优美,美妙,独特,精致,仿佛,缘故,保留,模样,诗意,模仿,生动,模糊,恢复,动人,奇观,勤劳,继承……

十一、阅读成语故事,说说它的大意

无价之宝

古时候,有个农夫在地里拾到了一块圆形的玉石。这块玉石

在夜里闪闪发光。他不知道是什么东西，就拿给邻居看。

邻居认出这是一块宝贵的玉石，却骗农夫说："这是一块不吉利的石头，你赶快扔掉它吧。"农夫听完，赶紧把玉石扔到了野外。

邻居跟随他到了野外，拾起那块玉石，把它送给了国王。国王叫有经验的老玉工鉴定。老玉工说："这块玉无法用金钱来衡量，用五座城的代价也只能看一下。"

后来，人们用"无价之宝"这个成语比喻极其珍贵的东西。

副课文

"一文钱"的故事

有甲、乙两名安徽商人，带着大量金钱来到苏州做生意。但他们迷上了苏州花天酒地的生活，不久，便将带来的钱都花完了。最后，他们只好白天乞讨、夜晚到寺观里过夜。

一天晚上，两人在寺庙里相对叹气。甲从口袋里摸出仅剩的一文钱，正想随手扔掉，乙急忙拦住他说："别扔！我有办法了。"不一会儿，乙怀抱着竹片、草茎、破纸、鸡鸭毛等东西回来了，他说服甲和他一起用那一文钱买来面粉，和水调成浆，然后将草缠在竹片上，蒙上纸，再粘上鸡鸭毛，一共做了二三百件栩栩如生的禽鸟纸玩具。

第二天天一亮，甲、乙两位徽商便带着这些禽鸟纸玩具到苏州玄妙观叫卖。玄妙观是苏州最古老，也最热闹的寺观，特别是春天，游人如织。观里的妇女、小孩和读书人见了他们带来的禽鸟纸玩具，就像活的一样，纷纷争相前来购买。二三百件玩具一下子就被卖光了。每件玩具以十几文钱出售，他们当天便收入五千多文钱。这时，乙才告诉甲，竹片、草茎、破纸、鸡鸭毛都是他从市上捡来的，那买面粉的一文钱，就是这笔好生意的全部本钱。

此后，甲、乙徽商用一文钱赚来的钱添购各种纸张，并拾来鸡鸭羽毛，制作人物花草等纸玩具。两人夜间制作，白天便到玄妙观出售。不到两年，甲乙徽商便积资数万。于是，他们便在苏州阊（chāng）门开设了一家布店，以"一文钱"三字为店名。从此，"一文钱"名扬苏州，生意越来越兴隆。

（据李琳琦《话说徽商》，中华工商联合出版社，2006 年）

（一）解释加点词语

1. 他们只好白天乞讨、夜晚到寺观里过夜。
2. 观里的妇女、小孩和读书人见了甲乙徽商带来的禽鸟纸玩具，就像活的禽鸟一样，纷纷争相前来购买。
3. 那买面粉的一文钱，就是这笔好生意的全部本钱。
4. 从此，"一文钱"名扬苏州，生意越来越兴隆。
5. 他说服甲和他一起用那一文钱买来面粉。
6. 他们一共做了二三百件栩栩如生的禽鸟纸玩具。
7. 甲乙两位徽商便带着这些禽鸟纸玩具到苏州玄妙观叫卖。
8. 玄妙观是苏州最古老、也最热闹的寺观，特别是春天，游人如织。

（二）回答问题

1. 宏村保留了许多古建筑。在你的国家，有与此类似的地方吗？你喜欢这样的地方吗？
2. 说说你读完副课文的故事后的感想。

第十一课　关于生肖的传说

玉帝为了给人们安排生肖，决定在宫廷里开一个上肖大会，他给各种动物发了道开会的通知。

那时候，猫和老鼠是好朋友，它们住在一起，像兄弟一样。开上肖大会的通知送到了猫和老鼠那里，它们都很高兴，决定一起去参加。

猫很会打瞌睡，它自己也知道这一点，所以在开会前一天，就预先和老鼠打了招呼。"鼠弟！你知道我是很会打瞌睡的。"猫大爷客气地说，"明天去上肖的时候，要是我睡着了，你叫我一下好不好？"

老鼠说："你放心睡好啦！我会叫醒你的！"

猫大爷说了声"谢谢你"，就放心地睡了。第二天早晨，老鼠很早起来，吃过早饭，独自上天庭去了。对正在熟睡的猫，它一声也没有叫。

再说住在清水潭里的龙哥哥，也接到了上天开会的通知。龙长得很漂亮：浑身亮晶晶的，加上一个大鼻子和一把又粗又长的大胡子。它想：这一次选生肖，自己非被选上不可。只是它的头上光秃秃的，缺少一对美丽的角。它想：如果我再有一对美丽的角，那该有多好啊！想呀想的，它就打定主意，决心要借一对角来戴上。

真巧！它从清水潭里钻出来一看，就看见一只大公鸡在岸边踱方步。那时候，公鸡头上是有一对大角的。龙哥哥一见，高兴极了，连忙游过去，向公鸡打招呼："鸡公公！明天我要上肖去，把你的角借我戴一戴好吗？"

鸡公公回答说："啊呀，龙哥哥！真对不起，明天我也要上肖去呢！"

龙哥哥说："鸡公公，你的头太小了，戴上这么一对大角，实在很不相称，还是借给我戴吧！你看我这个光头，多么需要一对像你一样的角啊！"

就在这时候，从石头缝里钻出来一条蜈蚣。蜈蚣是很爱管闲事的。它听了龙哥哥的话，说道："鸡公公！你就把角借给龙哥哥用一回吧。如果你不放心，我来做保人，怎么样？"

鸡公公想了想，自己就是没有这对角，也够漂亮了，就答应由蜈蚣做保人，把角借给了龙哥哥。

第二天，天庭里开上肖大会，各种动物都到齐了。玉帝在动物中选出了牛、马、羊、狗、猪、兔子、老虎、龙、蛇、猴子、鸡、老鼠等十二种动物，作为人的生肖。

挑选出十二种动物以后，还有一个麻烦的问题，就是排定先后的次序。

当时，在这件事情上有了争论。特别是由谁领头的问题，议论纷纷。玉帝说："你们中间牛最大，就让牛领头做第一肖吧！"

大家都满意，连老虎也赞成。不料小小的老鼠却说："应该说，我比牛还要大！每次，我在人们面前一出现，他们就叫起来说：'啊呀！这只老鼠真大！'却从来也没有听见人说过：'啊呀，这头牛真大！'可见在人们看来，我实在比牛大！你们要是不信，就试一试。"

鸡、狗、兔、羊等都同意试一试，玉帝也同意了，他就带了十二种动物到人间去。

事情真像老鼠说的那样，当大水牛从人们面前走过的时候，人们纷纷议论说："这头牛真肥，真好。"没有一个人说这头牛真大。这时，狡猾的老鼠忽然爬到牛背上，用两脚直立起来。人们一见牛背上的老鼠，果然立即就惊呼起来："啊呀，这只老鼠真大！"

玉帝亲耳听见了人们的惊呼声，他无可奈何地说："好吧，既然人们都说老鼠大，那就让老鼠做第一肖吧。牛，你只好做第二肖了。"

上肖大会开完了，老鼠高高兴兴地回到家。猫刚睡醒，它看见老鼠，奇怪地问："鼠弟，怎么啦？今天没开上肖大会吗？"

老鼠说："你还做梦呢！上肖大会已经开过了，有十二种动物上了肖，我是第一名！"

猫吃了一惊，它问老鼠："那你为什么没叫我一起去？"

老鼠说："忘记了！"

猫生气地大声说："小东西，你不是答应叫醒我的吗？你为什么不讲信用？"

老鼠一点儿也不肯认错，它说："我为什么一定要叫醒你呢？我就是不叫醒你！"

猫气坏了，它大叫一声，咬住了老鼠的脖子。老鼠叫了两声，就死了。

从此，猫和老鼠成了死对头，一直到现在还是这样。

再说公鸡开了生肖大会回来，心里很不高兴。它想：玉帝把龙排在自己前面，可能因为龙哥哥头上戴了那对角。它决定把那对角要回来。

公鸡走到清水潭边，彬彬有礼地对龙哥哥说："龙哥哥，请你把角还给我吧！"

龙哥哥听了，吃了一惊，说："鸡公公你要角做什么呢？你没有角比有角更漂亮，可是，我如果没有这对角……"

公鸡很不高兴地说："龙哥哥，借了人家的东西，是应该还的呀！"

龙哥哥不知道该说什么，想了一下，很有礼貌地说："对不起，鸡公公，我要去休息了。这事以后再说吧。"

说完，它就游到水底下去了。公鸡没有办法，决定去找保人蜈蚣。

公鸡把龙哥哥不肯还角的事告诉了蜈蚣，最后说："蜈蚣先生，你是保人，这件事你不能不管。"

蜈蚣想了半天，慢慢地说："如果龙哥哥真的不肯还角，我也没有办法，它躲在水底，我怎么去找它呢？"

公鸡气得满面通红，说："当时是你自己愿意做保人的，为什么现在不管了呢？"

蜈蚣先生说："这怪你当时没有多考虑，就把东西借给了别人。"

"怪我自己？"公鸡瞪大了眼睛。

"当然了！"蜈蚣回答说。

公鸡气红了脸，它伸长脖子，一下子啄住了蜈蚣，把它吃掉了。

从那以后，每到夏天，我们常常看到公鸡在院子里啄蜈蚣吃。每天天一亮，公鸡就想起了自己失去的角，总要大叫几声："龙哥哥，角还我……"

（资料来源：http://www.huaxia.com，有改动）

生词

1. 生肖　shēngxiào　（名）用来记人的出生年的十二种动物，即鼠、牛、虎、兔、龙、蛇、马、羊、猴、鸡、狗、猪。例如："十二生肖是是中国传统文化的组成部分。"

2. 传说 chuánshuō （名）口头上流传的关于某事某人的叙述或某种说法。例如："你听说过关于七仙女的传说吗？"

3. 打瞌睡 dǎ kēshuì 由于困倦而进入睡眠或半睡眠状态。例如："他晚上不睡觉，白天打瞌睡。"

4. 潭 tán （名）深水池。例如："台湾的日月潭是著名的风景旅游区。"

5. 亮晶晶 liàngjīngjīng （形）形容物体明亮闪烁发光。例如："她的那双眼睛就像天上的星星一样亮晶晶的。"

6. 光秃秃 guāngtūtū （形）形容没有草木、树叶、毛发等盖着的样子。例如："冬天，梧桐树的叶子全掉光了，只剩下光秃秃的树枝。"

7. 踱方步 duó fāngbù 以大而慢的步子行走。例如："一只公鸡在院子里踱着方步。"

8. 相称 xiāngchèn （动）事物配合起来显得合适。例如："这件衣服跟他的年龄不大相称，显得有点儿老气。"

9. 光 guāng （动）（身体）露着。例如："他光着膀子在外面乘凉呢。"

10. 缝 fèng （名）裂开或自然露出的狭长的空处。例如："见缝插针。"

11. 蜈蚣 wúgōng （名）一种节肢动物。例如："在中医里，蜈蚣可以入药。"

12. 保人 bǎorén （名）保证人。例如："他请我给他当保人。"

13. 挑选 tiāoxuǎn （动）从若干人或事物中找出适合要求的。例如："他从我的相册中挑选了几张照片。"

14. 次序 cìxù （名）先后的顺序。例如："这些文件已经整理过，请不要把次序弄乱了。"

15. 争论 zhēnglùn （动）每个人都有自己的意见，互相辩论。例如："他们在争论一个问题：什么是世界上最古老的行业？"

16. 议论 yìlùn （动）对人或事物的好坏、是非等表示意见。例如："最近大家都在议论这件事。"

17. 纷纷　fēnfēn　（副）接二连三地。例如："天冷了，大家纷纷穿上了厚厚的大衣。"

18. 不料　búliào　（副）出乎意料地。例如："我本想走过去跟他打个招呼，不料他假装没看到我，走开了。"

19. 人间　rénjiān　（名）人类社会。例如："她那么美丽，简直是飘落在人间的天使。"

20. 狡猾　jiǎohuá　（形）诡计多端，不可信任。例如："他像狐狸般狡猾。"

21. 惊呼　jīnghū　因吃惊而呼喊。例如："人们看到这个吓人的怪物，不由得惊呼起来。"

22. 亲耳　qīn'ěr　（副）用自己的耳朵（听）。例如："我是亲耳听到这个消息的，绝不会有错。"

23. 信用　xìnyòng　（名））能够履行跟人约定的事情而取得的信任。例如："从小父母就教导我们：做人要讲信用。"

24. 彬彬有礼　bīnbīn yǒu lǐ　非常有礼貌的样子。例如："他对人总是彬彬有礼的，大家对他的印象都非常好。"

25. 瞪　dèng　（动）用力睁大（眼睛）。例如："他吃惊得瞪大了眼睛。"

26. 啄　zhuó　（动）鸟类用嘴取食物。例如："鸽子啄着地上的面包屑。"

专名

玉帝　Yùdì　全称为"玉皇大帝"，是道教对天界最高主宰之神的称呼，如同人间的皇帝。

语言点

（一）打招呼

这里表示在事前或事后就某项事情或某种问题予以通知、关照。例如：
(1) 在开会前一天，猫预先和老鼠打了招呼。
(2) 即使随便用一下别人的物品，也应事先打招呼，征得他人同意。

（二）一……也（都）不（没）……

加强否定。例如：
(1) 对正在熟睡的猫，它一声也没有叫。
(2) 他一点儿东西也不想吃。

（三）像……+动词+的那样

"那样"后面可加动词表示的具体内容，也可不加。例如：
(1) 事情真像老鼠说的那样。
(2) 许多父母都希望孩子变成自己所想象的那样。

练习

一、熟读并抄写下列词语

生肖　　传说　　预先　　不料　　狡猾　　信用
打瞌睡　光秃秃　踱方步　瞪眼睛　彬彬有礼

二、解释下列句子中的加点词语

1. 在开会前一天，猫就预先和老鼠打了招呼。
2. 想呀想的，它就打定主意，决心要借一对角来戴上。

3. 特别是由谁领头的问题，议论纷纷。
4. 不料小小的老鼠却说："应该说，我比牛还要大！"
5. 你的头太小了，戴上这么一对大角，实在很不相称，还是借给我戴吧！
6. 公鸡走到清水潭边，彬彬有礼地对龙哥哥说："龙哥哥，请你把角还给我吧！"

三、根据课文内容选词填空

亮晶晶　光秃秃　又粗又长　打　接　戴　借　非……不可

再说住在清水潭里的龙哥哥，也_____到了上天开会的通知。龙长得很漂亮：浑身_____的，加上一个大鼻子和一把_____的大胡子。它想：这一次选生肖，自己_____被选上_____。只是它头上_____的，缺少一对美丽的角。它想：如果我再有一对美丽的角，那该有多好啊！想呀想的，它就_____定主意，决心要一对角来_____上。

四、选择适当的词语填空

果然　居然

1. 他的肺已经不好了，_____还要抽烟！
2. 我猜这种事就是他干的，_____是他！
3. 小马去安慰她，没想到_____被她骂了一顿。

次序　秩序　顺序

4. 请把这张表格上的人按考试成绩_____排列。
5. 这些文件已经整理过了，不要把_____弄乱了。
6. 天出奇地热，交警依然站在太阳下维持交通_____。

奇怪　好奇

7. 科技博物馆里，孩子们很_____，缠住我问这问那。
8. 我忽然听见远处传来一种_____的声音。

9. 刚到国外的时候，他对一切都充满了_____心。

10. 真_____，他为什么至今还不肯说出事情的经过？

平常　　平凡

11. 像_____一样，他又迟到了。

12. 在办公室过了_____的一天后，我打算跟老朋友共进晚餐。

照顾　　照料

13. 多亏了他的细心_____，奶奶的病才一天天好起来。

14. 既要_____家庭又要全天工作，我不知她是如何应付过来的。

积存　　保存

15. 小学生们把硬币_____起来，每月存入银行。

16. 这些有趣的习俗应该_____下去。

乞求　　恳求

17. 那个流浪汉在向人们_____钱财。

18. 我_____她帮我这个忙。

五、完成下列短语

1. 填写量词

一（　　）胡子　　　一（　　）角　　　一（　　）公鸡

一（　　）蜈蚣　　　一（　　）通知　　一（　　）动物

2. 填写宾语

安排（　　）　　参加（　　）　　排定（　　）

打（　　）　　　打（　　）　　　发（　　）

管（　　）　　　讲（　　）　　　踱（　　）

六、运用下列句子中的加点结构造句

1. 对正在熟睡的猫，它一声也没有叫。

2. 如果我再有一对美丽的角，那该有多好啊！
3. 它打定主意，决心要借一对角来戴上。
4. 事情真像老鼠说的那样。
5. 它想：这一次选生肖，自己非被选上不可。

七、用指定词语完成句子

1. 她先生去参加一个只许男人参加的聚会了，她_____。（独自）
2. 行李箱裂开了，_____。（纷纷）
3. 我原以为发生的事情已经够糟的了，_____。（不料）
4. _____，我还真不敢相信。（亲耳）
5. 即使他天天运动，_____。（一……也不……）
6. 她长得_____。（像……那样）

八、请以"生肖的故事"为题复述课文

九、回答问题

学习本文之前，你知道有关生肖的故事和传说吗？说说和你的国家某个习俗有关的有趣故事或传说。

十、作文：运用下列词语，写一个发生在动物之间的故事

（字数要求：150 字以上）

通知，招呼，熟睡，漂亮，亮晶晶，光秃秃，缺少，打定主意，相称，管闲事，麻烦，争论，满意，赞成，议论纷纷，彬彬有礼……

十一、阅读成语故事，说说它的大意

百鸟朝凤

很久很久以前，凤凰只是一只很不起眼的小鸟，羽毛也很平常，丝毫不像传说中的那般光彩夺目。但它有一个优点：它很勤

劳，不像别的鸟那样吃饱了就知道玩，而是从早到晚忙个不停，将别的鸟扔掉的果实都一颗一颗捡起来，收藏在洞里。

这有什么意思呀？这不是财迷精、大傻瓜吗？可别小看了这种贮藏食物的行为，到了一定的时候，它可发挥大用处了！

果然，有一年，森林大旱。鸟儿们觅不到食物，都饿得头昏眼花，快支撑不下去了。这时，凤凰急忙打开山洞，把自己多年积存下来的干果和草籽拿出来分给大家，和大家共渡难关。

旱灾过后，为了感谢凤凰的救命之恩，鸟儿们都从自己身上选了一根最漂亮的羽毛拔下来，制成了一件光彩耀眼的百鸟衣献给凤凰，并一致推举它为鸟王。

以后，每逢凤凰生日之时，四面八方的鸟儿都会飞来向凤凰表示祝贺，这就是"百鸟朝凤"。

副课文

中国的情人节——七夕节的来历

相传在很早以前，南阳城西牛家庄里有个聪明、忠厚的小伙子叫牛郎。牛郎很早就失去了父母，跟着哥哥嫂子生活。嫂子对牛郎不好，总是逼他干很多的活。

一年秋天，嫂子逼他去放牛，给他九头牛，却让他等有了十头牛时才能回家。牛郎无奈，只好赶着牛出了村。

牛郎独自一人赶着牛进了山，在草深林密的山上，他坐在树下伤心，不知道何时才能赶着十头牛回家。这时，有位头发花白的老人出现在他的面前，问他为什么伤心。当得知他的遭遇后，老人笑着对他说："别难过，在伏牛山里有一头病倒的老牛，你去好好喂养它，等老牛病好以后，你就可以赶着它回家了。"

牛郎翻山越岭，走了很远的路，终于找到了那头有病的老牛。他看到老牛病得厉害，就去给老牛打来一捆捆草，一连喂了三天，老牛吃饱了，才抬起头告诉他：自己本是天上的灰牛大仙，因摔坏了腿，无法动弹。牛郎不怕辛苦，细心地照料了老牛一个月，白天为老牛治伤，晚上躺在老牛身边睡觉。到老牛病好后，牛郎高高兴兴赶着十头牛回了家。回家后，嫂子对他仍旧不好，曾几次要害他，都被老牛设法相救。嫂子最后干脆把牛郎赶出家门，牛郎只要了那头老牛相伴。

一天，天上的织女和各仙女一起到人间来游戏，在河里洗澡。牛郎在老牛的帮助下认识了织女，二人产生了感情。后来织女便偷偷来到人间，做了牛郎的妻子。织女还把从天上带来的天蚕分给大家，并教大家养蚕、缫丝，织出又光又亮的绸缎。

牛郎和织女结婚后，男耕女织，情深意重，他们生了一男一女两个孩子，一家人生活得很幸福。但是好景不长，这件事很快便被天帝知道了，王母娘娘亲自到人间来，硬把织女带回天上，恩爱夫妻被拆散。

就在牛郎不知该怎么办的时候，老牛告诉牛郎，在它死后，可以用它的皮做成鞋，穿着就可以上天。牛郎按照老牛的话做了，穿上牛皮做的鞋，拉着自己的儿女，上天去追织女。眼见就要追到了，谁知王母娘娘拔下头上的金簪一挥，一道波涛汹涌的天河就出现了。牛郎和织女被隔在河的两岸，只能相对流泪。他们的爱情感动了喜鹊，千万只喜鹊飞来，搭成鹊桥，让牛郎织女走上鹊桥相会，王母娘娘对此也无可奈何，只好允许两人在每年七月七日在鹊桥上相会。

后来，每到农历七月初七，相传牛郎织女鹊桥相会的日子，姑娘们就会来到花前月下，抬头仰望星空，寻找银河两边的牛郎星和织女星，希望能看到他们一年一度的相会，乞求上天能让自己像织女那样心灵手巧，祈祷自己能有如意称心的美满婚姻，由此形成了七夕节。这就是中国的情人节——七夕节的来历。

（资料来源：http://www.gov.cn，有改动）

（一）解释加点词语

1. 嫂子对牛郎不好，总是逼他干很多的活。
2. 牛郎不怕辛苦，细心地照料了老牛一个月。
3. 嫂子对他仍旧不好，曾几次要害他，都被老牛设法相救。
4. 王母娘娘亲自到人间来，硬把织女带回天上。
5. 千万只喜鹊飞来，搭成鹊桥，让牛郎织女走上鹊桥相会。
6. 姑娘们乞求上天能让自己能像织女那样心灵手巧。
7. 相传在很早以前，南阳城西牛家庄里有个聪明、忠厚的小伙子叫牛郎。
8. 当得知他的遭遇后，老人笑着对他说："别难过。"
9. 谁知王母娘娘拔下头上的金簪一挥，一道波涛汹涌的天河就出现了。
10. 牛郎和织女结婚后，男耕女织，情深意重。

（二）回答问题

中国情人节的故事反映了什么？在你的国家，有类似的传说故事吗？

第四单元
现代科技篇

第十二课 看云识天气

　　天上的云,姿态多样,变化频繁。它们有的像羽毛,轻轻地飘在空中;有的像鱼鳞,一片片整整齐齐地排列着;有的像羊群,来来去去;有的像一床大棉被,盖住了天空;还有的像山峰,像河流,像雄狮,像奔马……它们有时把天空装饰得很美丽,有时使天空变得很阴暗。刚才还是白云朵朵,阳光灿烂,马上却又是乌云密布,下起大雨来。云就像是天气的"招牌",天上挂什么云,就将出现什么样的天气。

　　经验告诉我们:天空的薄云,往往是晴天的象征;那些低而厚密的云层,则常常意味着阴雨风雪即将到来。

　　那最轻、站得最高的云,叫卷云。这种云很薄,阳光可以透过云层照到地面,房屋和树木的影子依然很清晰。如果卷云成群成行地排列在空中,好像微风吹过水面引起的波纹,这就成了卷积云。卷云和卷积云都很高,那里水分少,它们一般不会带来雨雪。还有一种像棉花团似的白云,叫积云,常在两千米左右的天空,云块四周发出金黄的光。积云都在上午出现,午后最多,傍晚渐渐散去。在晴天,我们还会遇见一种高积云。这是成群的扁球状的云块,排列得很整齐,云块间露出蓝色的天空,远远望去,就像草原上雪白的羊群。卷云、卷积云、积云和高积云,都是很美丽的。

　　当雨雪就要到来的时候,卷云聚集着,天空渐渐出现一层薄云,就像蒙上了一块白色的薄布。这种云叫卷层云。卷层云慢慢地向前进，天气就要转阴。接着，云越来越低，越来越厚，隔了云看太阳和月亮，就像隔了一层毛玻璃，模糊不清。这时的卷层云得改名叫高层云了。出现了高层云，往往在几个钟头内便要下雨或者下雪。最后，云压得更低，变得更厚，太阳和月亮都躲了起来，天空中都是暗灰色的云块。这种新的云叫雨层云。雨层云一形成，雨雪也就到来了。

夏天，雷雨到来之前，在天空先会出现积云。积云如果迅速向上形成高大的云山，就变成了积雨云。积雨云越长越高，云底慢慢变黑，云峰渐渐模糊，不一会儿，整座云山消失了，天空中满是乌云，开始打雷、闪电，马上就会下起大雨。

我们还可以根据云上的光彩，推测天气的情况。夏天，雨过天晴，太阳对面的云上，常会挂上一道彩虹。人们常说："东虹轰隆西虹雨。"意思是说，虹在东方，就有雷无雨；虹在西方，将会有大雨。还有一种云彩常出现在早晨或傍晚。太阳照到天空，使云层变成红色，这种云彩叫做霞。出现朝霞，表示阴雨天气就要到来；出现晚霞，表示最近几天里天气晴好。所以有"朝霞不出门，晚霞行千里"的谚语。

云能够帮助我们推测天气变化，这对工农业生产有着重要的意义。我们要学会看云识天气，就要虚心向有经验的人学习，注意观察云的变化，在反复实践中掌握它们的规律。但是，天气变化非常复杂，看云识天气毕竟有一定的限度。我们要准确地掌握天气变化的情况，还得依靠科学的天气预报。

（据《语文》七年级上册，人民教育出版社）

生词

1. 姿态　zītài　（名）姿势；样儿。例如："姿态优美。"
2. 鱼鳞　yúlín　（名）鱼类身体表面具有保护作用的薄片状组织。例如："他正在刮鱼鳞。"
3. 排列　páiliè　（动）顺次序放。例如："按字母次序排列。"
4. 山峰　shānfēng　（名）山的突出的尖顶。例如："我们坚持爬到了山峰。"
5. 装饰　zhuāngshì　（动）在身体或物体的表面加些附属的东西，使美观。例如："新房装饰得很漂亮。"
6. 阴暗　yīn'àn　（形）暗；阴沉。例如："地下室里阴暗而潮湿。"
7. 灿烂　cànlàn　（形）光彩鲜明耀眼。例如："灯光灿烂。"
8. 招牌　zhāopái　（名）挂在商店门前写明商店名称或经售的货物的牌子，作为商店的标志。也用于比喻。例如："路边有一块'狗饭店'的招牌——原来这是一家专门为狗服务的餐馆！"
9. 象征　xiàngzhēng　（动）用具体的事物表现某种特殊意义。例如："火炬象征光明。"（名）用来象征某种特殊意义的具体事物。例如："火炬是光明的象征。"
10. 意味着　yìwèizhe　（动）含有某种意义。例如："他沉默不语意味着同意了。"
11. 即将　jíjiāng　（副）将要；就要。例如："理想即将实现。"
12. 依然　yīrán　（副）依旧。例如："十年没回来了，家乡的风景依然。"
13. 清晰　qīngxī　（形）清楚。例如："发音清晰对演说家十分重要。"
14. 行　háng　（名）（量）行列。例如："买火车票的人排成了长长的一行。"
15. 引起　yǐnqǐ　（动）一种事情、现象、活动使另一种事情、现象、活动出现。例如："他的行为引起了大家的注意。"

16. 波纹　bōwén　（名）小波浪形成的水纹。例如："一阵风刮过，水面起了波纹。"

17. 似的　shìde　（助）用在名词、代词或动词后面，表示跟某种事物或情况相似。例如："像雪似的那么白。"

18. 扁　biǎn　（形）图形或字体上下的距离比左右的距离小；物体的厚度比长度、宽度小。例如："小心别把帽子压扁了。"

19. 草原　cǎoyuán　（名）半干旱地区杂草丛生的大片土地，间或杂有耐寒的树木。例如："你去过北美洲的大草原吗？"

20. 聚集　jùjí　（动）集合；凑在一起。例如："一群人很快就聚集在他的周围。"

21. 蒙　méng　（动）遮盖。例如："在瓶口上蒙上一张纸。"

22. 推测　tuīcè　（动）根据已经知道的事情来想象不知道的事情。例如："这个结论完全是推测出来的，不一定准确。"

23. 彩虹　cǎihóng　（名）雨后天晴时，天空中出现的七彩弧形。例如："雨过天晴，天空出现一道美丽的彩虹。"

24. 轰隆　hōnglōng　（拟声）形容雷声、爆炸声、机器声等。例如："轰隆一声，枪响了。"

25. 霞　xiá　（名）早晨或傍晚的红色的云。例如："傍晚的彩霞真美丽！"

26. 朝霞　zhāoxiá　（名）早晨出现的红色的云。例如："在城市里很少看得到朝霞。"

27. 谚语　yànyǔ　（名）在群众中间流传的固定语句，用简单通俗的话反映出深刻的道理。例如："他喜欢在作文中引用谚语。"

28. 限度　xiàndù　（名）范围的极限；最高或最低的数量或程度。例如："我会尽力帮忙，但我能做的也是有限度的。"

29. 预报　yùbào　（动）预先报告（多用于天文、气象方面）。例如："天气预报说明天有雨。"

语言点

（一）什么……什么……

"什么"表示任指，两个"什么"前后照应，表示前者决定后者。例如：
(1) 天上挂什么云，就将出现什么样的天气。
(2) 你想去什么地方就去什么地方。

（二）意味着

必带动词（或动名词）、小句作宾语，主语也多为动词（或动名词）、小句。多用于书面，意为"表示、标志着"。例如：
(1) 那些低而厚密的云层，则常常意味着阴雨风雪即将到来。
(2) 科学的发展意味着人类的进步。

（三）成 + 量词

构成短语，可修饰动词。可重叠。强调数量多或时间长。例如：
(1) 卷云成群成行地排列在空中，好象微风吹过水面引起的波纹，这就成了卷积云。
(2) 桌上文件成堆。

（四）似的

助词，用在名词、代词、动词后面，表示比喻或说明情况相似。书面语。前面常用"像、好像"等词。

1. 名词 + 似的。例如：
   (1) 还有一种像棉花团似的白云，叫积云。

2. 代词 + 似的。一般表示相似，不表示比喻。虚指疑问代词"什么"加"似的"有比喻义，一般作补语。除疑问代词外，前面要用"像"。例如：
   (1) 他也像我似的常开夜车。

3. 动词/形容词+似的。主要表示情况相似，好像这样，实际上并不是这样或不一定这样。例如：
（1）我常见他奋力蹬着装满小山似的废品的平板车。
（2）像雪似的那么白。
（3）他十分痛苦似的闭上了眼睛。

如果"似的"附在一个单音节词后面，当中一般要加"也"字。例如：
（1）他飞也似的跑过来。

（五）毕竟

后面的话表示追根究底所得的结论；究竟；终归；到底。充分肯定重要的或正确的事实，暗含否定别人的不重要的或错误的结论。

1. 毕竟+动词。常与"不管"、"不论"等呼应。例如：
（1）天气变化非常复杂，看云识天气毕竟有一定的限度。

2. 毕竟+形容词。"形容词"多用否定式。例如：
（1）情况毕竟不怎么清楚。

毕竟+小句。例如：
（1）毕竟他还是个孩子，不懂得这些道理。

注意："毕竟"可以放在主语前，也可以放在主语后，有时没什么差别。例如：
（1）他毕竟是个孩子，不懂得这些道理。

练习

一、熟读并抄写下列词语

姿态　　装饰　　灿烂　　象征　　依然　　阳光灿烂
清晰　　聚集　　预报　　光彩　　模糊　　雨过天晴

二、解释下列句子中的加点词语

1. 天上的云，姿态多样，变化频繁。
2. 云就像是天气的"招牌"，天上挂什么云，就将出现什么样的天气。
3. 那些低而厚密的云层，则常常意味着阴雨风雪即将到来。
4. 隔了云看太阳和月亮，就像隔了一层毛玻璃，模糊不清。
5. 东虹轰隆西虹雨。
6. 我们还可以根据云上的光彩，推测天气的情况。
7. 刚才还是白云朵朵，阳光灿烂，马上却又是乌云密布。
8. 我们要学会看云识天气，就要虚心向有经验的人学习。
9. 它们有时把天空装饰得很美丽，有时使天空变得很阴暗。
10. 我们要准确地掌握天气变化的情况，还得依靠科学的天气预报。

三、根据课文内容选词填空

盖　飘　阴暗　装饰　排列　灿烂

它们有的像羽毛，轻轻地_____在空中；有的像鱼鳞，一片片整整齐齐地_____着；有的像羊群，来来去去；有的像一床大棉被，_____住了天空；它们有时把天空_____得很美丽，有时使天空变得很_____。刚才还是白云朵朵，阳光_____；马上却又是乌云密布，下起大雨来。

复杂　意义　准确　推测　实践　限度　经验　依靠　虚心　观察　预报　规律　毕竟

云能够帮助我们_____天气变化，这对工农业生产有着重要的

_____。我们要学会看云识天气，就要_____向有_____的人学习，注意_____云的变化，在反复_____中掌握它们的_____。但是，天气变化非常_____，看云识天气有一定的_____。我们要_____地掌握天气变化的情况，还得_____科学的天气_____。

四、选择适当的词语填空

仍然　依然

1. 他把信看完，_____装在信封里。
2. 那么多年不见，她除了脸上有点皱纹，一切_____如故。

推测　预测　预报

3. 我建议你做这个决定前先做一下市场_____。
4. 看天气_____了吗，明天下雨吗？
5. 可是，我们什么都不知道，无从_____啊。
6. 你_____一下这次考试你到底能考多少分。

往往　常常

7. 这段时间妈妈工作很忙，_____不回家吃饭。
8. 夏天天亮得早，_____五点不到天就亮了。

五、完成下列短语

1. 填写谓语

变化（　　）　　姿态（　　）　　阳光（　　）

排列（　　）　　阳光（　　）　　乌云（　　）

2. 填写状语

（　　）散去　　　（　　）变黑　　　（　　）望去

（　　）升起　　　（　　）走开　　　（　　）想起来了

3. 填写中心语

雪白的（　　　）　　　蓝色的（　　　）　　　科学的（　　　）
美丽的（　　　）　　　可爱的（　　　）　　　系统的（　　　）

4. 填写量词

一（　　　）薄云　　　一（　　　）白云　　　一（　　　）棉花
一（　　　）彩虹　　　一（　　　）棉被　　　一（　　　）白布

六、运用下列句子中的加点结构造句

1. 天上挂什么云，就将出现什么样的天气。
2. 那些低而厚密的云层，则常常意味着阴雨风雪即将到来。
3. 还有一种像棉花团似的白云，叫积云。
4. 我们要学会看云识天气，就要虚心向有经验的人学习，注意观察云的变化，在反复实践中掌握它们的规律。
5. 它们有的像羽毛，轻轻地飘在空中；有的像鱼鳞，一片片整整齐齐地排列着；有的像羊群，来来去去；还有的像山峰，像河流，像雄狮，像奔马……

七、用指定词语完成句子

1. 他拒绝给你那份工作，_____。（意味着）
2. 饭店门口挂着"今天歇业"的牌子，_____。（意味着）
3. 尽管经济不景气，_____。（依然）
4. 尽管我们经常吵架，_____。（依然）
5. 她戴了那么多首饰，看上去_____。（似的）
6. 他哭得那么伤心，就像_____。（似的）
7. 别怪他打碎那个花瓶，_____。（毕竟）
8. 别对孩子要求太高了，_____。（毕竟）

八、请以"云的形状与天气情况"为题复述课文

九、回答问题

在学习本课文以前,你知道如何看云识天气吗?学了本课文后,你会看云识天气了吗?

十、作文:运用下列词语,写一篇说明文(字数要求:150字以上)

姿态,频繁,装饰,灿烂,意味着,即将,清晰,模糊,推测,经验,观察,复杂……

十一、阅读下列农谚,说说它们的大意

(一)天气预报

天上乌云盖,大雨来得快。

喜鹊枝头叫,出门晴天报。

早晨下雨当日晴,晚上下雨到天明。

一场秋雨一场寒,十场秋雨穿上棉。

(二)九九歌

一九、二九不出手,三九、四九冰上走,

五九、六九沿河看柳,七九河开,八九雁来,

九九加一九,耕牛遍地走。

副课文

天气谚语

"蚂蚁搬家晴必雨，蜘蛛结网雨必晴。"这句天气谚语让我起了疑心，我准备找机会验证验证。

一天下午放学，我正在玩耍，突然看见一棵大白杨树上爬着一大群蚂蚁，它们都在往下走，领头蚂蚁急急忙忙地跑回洞穴，接着，其他蚂蚁们也急匆匆地跑回了洞穴。这时，我想起了天气谚语"蚂蚁搬家晴必雨"。蚂蚁们一定是怕水淹到自己了吧！所有的蚂蚁进洞没多久，天上便乌云密布，我赶紧往家跑，过了一会，真的下起了倾盆大雨。

雨停了，我还没验证完呢！于是我在屋外的各个墙角搜寻起来。不一会儿，一只小蜘蛛在墙角吐出丝来，吐丝没多久，原先阴暗的天空变得晴朗起来，阳光也逐渐明亮了，风清气爽。这谚语可真灵！

动物这么聪明，我们可不能小瞧了它们，该向它们好好学习呀。

（资料来源：http://www.xiaoshanwu.com，有改动）

（一）解释加点词语

1. 蚂蚁搬家晴必雨。
2. 这句天气谚语让我起了疑心，我准备找机会验证验证。
3. 这谚语可真灵！
4. 动物这么聪明，我们可不能小瞧了它们，该向它们好好学习呀。
5. 过了一会，真的下起了倾盆大雨。
6. 于是我在屋外的各个墙角搜寻起来。
7. 阳光也逐渐明亮了，风清气爽。

（二）回答问题

请说说你的国家和语言里与天气情况有关的俗语、谚语。

第十三课　微笑和撇嘴

微笑也许是我们最重要的脸部表情。除了猴子前后移动的嘴唇动作之外，我们还有属于我们自己的上下唇部动作：我们用上扬的嘴角来表示快乐，用下撇的嘴角来表示悲哀，用微笑的嘴唇来打招呼。

这些听来似乎是十分明显的事，但对人类是极为重要的。在原始时代，如果我们要生存下去就必须积极合作，因此我们需要一个简单迅速的方法来传达彼此的友好感情。微笑就是一个最理想的答案。其他的灵长类动物的唇部也会发出一些表示友好的信号，但是都没有那么容易，也无法从远方就看清。人类的笑容远远就能看见，同时在必要的情况下，这愉快的笑容可以很快出现或消失。微笑可以毫无困难地持续一阵，同时也能以各种微妙的变化来表现不同程度的友谊。

微笑在婴儿时期特别重要。由于人婴没有母亲的皮毛可以攀附，他们必须设法让保护他们的母亲留在他们身旁。微笑早在出生第四周左右就出现了，使母亲十分开心。只要小婴儿对母亲露出笑容，她就会不由得地想要搂抱他们。人婴以保持亲近来解决缺少皮毛可攀附的问题。

许多母亲都以为小婴儿的微笑是模仿她们自己的笑容，但这并不确实。微笑是一种生来就有的反应，不论母亲做些什么，婴儿都会自己开始露出笑容。这点是确实的，因为即使是天生永远无法看见母亲的脸的婴儿，也会在四周大的时候自动开始微笑。

微笑对人类的重要性实在太大了。

除了微笑，婴儿还出现了撅嘴的脸部表情。在最初几个月中，小婴儿的主要活动是吸奶。这动作是将双唇撅起前推，这和生气撅嘴不同的就是没有任何压力，双唇盖住牙齿——如果已经长出来了的话。这表情后来就演变为成人生活中的爱吻。

靠在胸前时，小婴孩除了吸吮之外还有别的工作。他必须首先顺利找到乳头。大多数母亲都会将婴儿的嘴唇靠在乳头旁边，但小婴孩经常上下移动着头，似乎在寻找乳头。这上下移动的动作就是在说："是啊！我饿了，我要吃奶。"同样的，这又演变为成人生活中另一个重要动作：点头。世界各地大部分的人要说"是的"的时候，之所以都采用这种上下点头的方式，正是由于这个原因。

小婴孩吃完奶之后便以下面两种方式来摆脱乳头：将头扭到一边或是扬起头来。这两种动作都能使他的嘴脱离乳头。这些动作也保留在成人的动作之中。这个将头转到旁边的动作就变成左右摇头的"不是"。世界上大部分的人们在说不是的时候会用这个摇头的动作，但只有一个地区例外——希腊人采用另一种动作来表示"不是"。他们不采取婴儿左右摇头的动作，而采用向上扬头的动作。

（据戴思蒙·莫里斯著，杨丽琼译《人这种动物》，
华龄出版社，2002年）

生词

1. 撅　juē　（动）翘起。例如："他撅着嘴，一副不满意的样子。"
2. 表情　biǎoqíng　（名）表现在面部或姿态上的思想感情。例如："听到这个好消息，他脸上露出喜悦的表情。"
3. 属于　shǔyú　（动）归某一方面或为某方所有。例如："那本字典是属于我的。"
4. 撇（嘴）　piě(zuǐ)　下唇向前伸，嘴角向下，是表示轻视、不相信或不高兴的一种动作。例如："小孩撇嘴要哭。"
5. 悲哀　bēi'āi　（形）伤心。例如："日子久了，悲哀就会消失。"
6. 招呼　zhāohu　（动）用语言或动作表示问候。例如："他向我们点点头打招呼。"
7. 原始　yuánshǐ　（形）最古老的；未开发的；未开化的。例如："原始人用尖石块和兽骨为自己制作原始的工具。"
8. 生存　shēngcún　（动）保存生命。例如："没有空气人就不能生存。"
9. 传达　chuándá　（动）把一方的意思告诉另一方。例如："我把这消息传达给他了。"
10. 彼此　bícǐ　（代）那个和这个。例如："他们彼此十分相爱，怎么会要离婚？"
11. 灵长类　língzhǎnglèi　（名）哺乳动物的一目，猴、类人猿属于这一目，是最高等的哺乳动物。例如："人类是灵长类动物。"
12. 信号　xìnhào　（名）用来传递消息或命令的光、电波、声音、动作等。例如："红灯常常是危险的信号。"
13. 持续　chíxù　（动）延续不断。例如："两国的经济和文化交流已经持续了一千多年。"
14. 一阵　yízhèn　（名）动作和情形继续的一段时间。例如："歌声结束之后响起了一阵掌声。"

15. 微妙　wēimiào　（形）深奥玄妙，难以捉摸。例如："他的信中有些微妙的暗示。"

16. 婴儿　yīng'ér　（名）刚刚出生不久的孩子。例如："出生四周左右的婴儿会发出自发性的微笑。"

17. 攀附　pānfù　（动）附着东西往上爬。例如："藤蔓攀附树木。"

18. 设法　shèfǎ　（动）想办法。例如："只要有可能，他总是设法帮忙。"

19. 搂　lǒu　（动）搂抱。例如："妈妈把孩子搂在怀里。"

20. 亲近　qīnjìn　（动）亲密而接近。例如："他对人热情诚恳，大家都愿意亲近他。"

21. 笑容　xiàoróng　（名）含笑的神情。例如："他满脸都是笑容。"

22. 天生　tiānshēng　（动）天然生成。例如："她天生有音乐才能。"

23. 压力　yālì　（名）物体所承受的与表面垂直的作用力。例如："这轮胎太硬，要减少一点压力。"

24. 演变　yǎnbiàn　（动）发展变化（指历时较久的）。例如："这个岛国社会的法律是由当地习俗演变而来的。"

25. 成人　chéngrén　（名）成年的人。例如："这部电影只适宜成人观看。"

26. 乳头　rǔtóu　（名）乳房上圆球形的突起，尖端有小孔，乳汁从小孔流出。例如："刚出生的婴儿会主动寻找母亲的乳头。"

27. 摆脱　bǎituō　（动）脱离（牵制、束缚、困难、不良的情况等）。例如："他终于摆脱了这项无聊的工作。"

28. 扭　niǔ　（动）掉转；转动。例如："我扭过头去，便看到他正对我微笑。"

29. 例外　lìwài　（动）在一般规律、规定之外。例如："每个学生都得遵守学校规定，谁也不能例外。（名）在一般规律、规定之外的情况。例如："夏天一般南方比北方热，但也有例外。"

语言点

（一）阵

量词。可用于延续一段时间的动作。可以儿化，有时可带"子"。数词限于"一"。

1. 动词/形容词 + 一 + 阵……例如：
   (1) 雨下了一阵又停了。

2. 动词 + 一 + 阵 + 名词。例如：
   (1) 说了一阵子话。

3. 一 + 阵 + 动词/形容词。例如：
   (1) 脸上一阵红一阵白。

也可用于延续一段时间的事物、现象。主要是风雨、声响、感觉等。有时可儿化。例如：
   (1) 下了几阵雨，一阵比一阵大。
   (2) 孩子哭了好长一阵子。

（二）来 + 动词

"来"用在另一动词前面，表示前一个动词的目的。有时可以省略。例如：
   (1) 人婴以保持亲近来解决缺少皮毛可攀附的问题。
   (2) 你去打水，我来收拾房子。

（三）不论……都……

同"无论……都……"，用于有表示任指的疑问代词或有表示选择关系的并列成分的句子里，表示在任何条件下结果或结论都不会改变。

1. "不论"引进的是一个小句。前后两小句的主语相同时，主语可以在前句或在后句。例如：

（1）不论做什么工作，他都非常认真。

（2）不论母亲做些什么，婴儿都会自己开始露出笑容。

2. "不论"引进的是短语。例如：

（1）不论大事还是小事，大家都愿意找他商量。

（2）这条意见，不论对你、对我，都是很重要的。

（四）即使……也……

表示假设兼让步；就是……也（还）……

1. 前后两部分指有关的两件事，前面常表示一种假设情况，后面表示结果或结论不受这种情况的影响。例如：

（1）即使是天生永远无法看见母亲的脸的婴儿，也会在四周大的时候自动开始微笑。

（2）即使你说错了也不要紧。

2. 前后两部分指同一件事，后一部分表示退一步的估计。例如：

（1）即使下雨也不会太大。

（2）电影票即使有也不会太多了。

练习

一、熟读并抄写下列词语

| 属于 | 悲哀 | 招呼 | 传达 | 彼此 |
| 持续 | 设法 | 笑容 | 例外 | 摆脱 |

二、解释下列句子中的加点词语

1. 微笑就是一个最理想的答案。
2. 许多母亲都以为小婴儿的微笑是模仿她们自己的笑容,但这并不确实。
3. 即使是天生永远无法看见母亲的脸的婴儿,也会在四周大的时候自动开始微笑。
4. 世界上大部分的人们在说不是的时候会用这个摇头的动作,但只有一个地区例外——希腊人采用另一种动作来表示"不是"。
5. 微笑可以毫无困难地持续一阵。
6. 同时也能以各种微妙的变化来表现不同程度的友谊。

三、根据课文内容选词填空

悲哀　移动　友好　属于　招呼　表情　快乐

微笑也许是我们最重要的脸部_____。除了猴子前后_____的嘴唇动作之外,我们还有_____我们自己的上下唇部动作。我们用上扬的嘴角来表示_____,用下撇的嘴角来表示_____。用微笑的嘴唇来打_____,我们立刻就能表示_____。

保留　采取　摆脱　例外　扬　采用　扭　脱离

小婴孩吃完奶之后便以下面两种方式来_____乳头:将头_____到一边或是_____起头来。这两种动作都能使他的嘴_____乳头。这些动作也_____在成人的动作之中。这个将头转到旁边的动作就变成左右摇头的"不是"。世界上大部分的人们在说不是的时候会用这个摇头的动作,但只有一个地区_____——希腊人_____另一种动作来表示"不是"。他们不_____婴儿左右摇头的动作,而采用向上扬头的动作。

四、选择适当的词语填空

保留　遗留　保持　保存

1. 不同的意见暂时_____,下次再讨论。

2. 这是历史＿＿＿＿问题，要解决还需要一定的时间。
3. 这里天气又热又潮，食物容易变质很难＿＿＿＿。
4. 遇到紧急情况依然能够＿＿＿＿冷静的人，心里素质比较好。
5. 他的藏书大部分都赠给国家博物馆了，自己只＿＿＿＿了一小部分。
6. 跑马拉松的时候，不能一开始就拼命跑，要＿＿＿＿一定的体力跑完全程。

刻意　　故意

7. 有些事情不需要＿＿＿＿去想，只要安静地去做就行了。
8. 他是＿＿＿＿把那个老人撞倒的。

厌恶　　讨厌

9. 我＿＿＿＿这个装腔作势的人。
10. 她＿＿＿＿地看着那个衣衫褴褛的乞丐。

反映　　反应

11. 他迅速的＿＿＿＿令大家吃了一惊。
12. 一个人的穿着能＿＿＿＿出其个性。

忽略　　忽视

13. 人们常常＿＿＿＿那些表面看来不容易发生问题的人和事。
14. 不要＿＿＿＿细节问题。

五、完成下列短语

1. 填写宾语

传达（　　）　　保持（　　）　　解决（　　）
模仿（　　）　　露出（　　）　　表示（　　）

2. 填写中心语

愉快的（　　）　　理想的（　　）　　微妙的（　　）
友好的（　　）　　必要的（　　）　　不同程度的（　　）

3. **填写反义词**

上扬（　　　）　　　快乐（　　　）　　　出现（　　　）

六、运用下列句子中的加点结构造句

1. 除了猴子前后移动的嘴唇动作之外，我们还有属于我们自己的上下唇部动作。

2. 只要小婴儿对母亲露出笑容，她就会不由得地想要搂抱他们。

3. 即使是天生永远无法看见母亲的脸的婴儿，也会在四周大的时候自动开始微笑。

4. 世界各地大部分的人要说"是的"的时候，之所以都采用这种上下点头的方式，正是由于这个原因。

5. 在必要的情况下，这愉快的笑容可以很快出现或消失。

6. 世界上大多数人在说不是的时候都会用这个摇头的动作，但有一个地区例外。

七、按要求改写句子

1. 火车太挤，坐船去天津。（如果……就……）

2. 就是有时间，也不能管这种闲事。（即使……也……）

3. 这种鱼，用火烧熟以后可以吃。（只有……才……）

4. 如果你不亲自去请他，他是不会来的。（除非……否则……）

5. 你对他有意见没有关系，可是不能背后说他的坏话。
（即使……也……）

6. 不管有多大困难，我们都要想办法克服它。（不论……都……）

八、根据课文内容，选择正确答案

1. 人类用下撇的嘴角来（　　）。
   A. 表示悲哀 　　B. 表示友好
   C. 打招呼 　　D. 表示快乐

2. 婴儿什么时候开始微笑？（　　）
   A. 一出生就会 　　B. 出生一个月左右
   C. 一岁左右 　　D. 出生四个月左右

3. 婴儿的微笑（　　）。
   A. 是一种与生俱来的反应
   B. 是后天学习得来的
   C. 是为了让母亲搂抱他们
   D. 是模仿母亲的笑容

4. 婴儿撇嘴的动作演变为成人的一个动作：（　　）
   A. 点头 　　B. 摇头
   C. 爱吻 　　D. 打招呼

5. 婴儿寻找乳头的动作演变为成人的一个动作：（　　）
   A. 点头 　　B. 摇头
   C. 爱吻 　　D. 打招呼

6. 婴儿摆脱乳头的动作演变为成人的一个动作：（　　）
   A. 点头 　　B. 摇头
   C. 爱吻 　　D. 打招呼

九、请以"婴儿最早的脸部表情"为题复述课文

十、作文：运用下列词语，写一篇说明文（字数要求：150字以上）

表情，属于，快乐，悲哀，打招呼，友好，明显，传达，理想，持续，微妙，设法，不由得，确实，自动，例外……

十一、阅读成语故事，说说它的大意

东施效颦

西施是春秋时期越国人，是中国历史上的四大美女之一，她的一举一动都十分吸引人，只可惜她的身体不好，有心痛的毛病。有一次，她在河边洗完衣服准备回家，就在回家的路上，突然因为胸口疼痛，她就用手扶住胸口，皱着眉头。虽然她的样子非常难受，但是见到她的村民们却都在称赞，说她这样比平时更美丽。同村有位名叫东施的女孩，因为她的长相并不好看，她看到村里的人都夸赞西施用手扶住胸口的样子好，于是也学着西施的样子扶住胸口、皱着眉头，在人们面前慢慢地走动，以为这样就有人称赞她。她本来就长得丑，再加上刻意地模仿西施的动作，装腔作势的怪样子，让人更加厌恶。有人看到之后赶紧关上大门，有些人则是急忙拉妻儿躲得远远的，他们比以前更加瞧不起东施了！

东施只知道西施皱着眉的样子美丽，却不知道这是因为西施本身美貌的原因，刻意地去模仿，结果只给后人留下"东施效颦"的笑话。

"颦"（pín）是皱眉的意思。

副课文

脸部表情透露你的秘密

看着你的眼，我就会知道你的秘密。这或许有些夸张，不过在和人说话时，观察对方的眼睛的确比较容易判断对方说的是不是真心话。

许多人在跟别人说话时，都不会直接看着对方的眼睛，或是眼睛周围、额头这个区域；而大多是把目光放在鼻子以下，例如嘴巴、下巴等部位。如果你在和别人说话时也是只会看着对方脸的下半部，你可能无法真正抓住对方心里真正的想法，因为一个人内心的感觉最先、最直接的就是反映在脸的上半部，特别是眼睛。

脸的上半部会比较直接地反映出心里所想的，而脸的下半部则可以随意作出想要的反应。所以，如果你只是注意对方的嘴、鼻等部分，你所看到的则往往是对方经过处理的表情反应，而不是最直接的反射表情。

人们借着表情，可以表达很多层面的感觉，可以是自己内心真正的感觉，可以是经过设计的反应，可以是为了某些目的而伪装的表情。人们可以在生气时忍着不扁嘴，可以在开心时忍着不笑，但是这些伪装表情下的真实感觉却会不知不觉地从眼睛中透露出来。尤其是有突发状况时，或许可以强忍着不表现出真的情绪，但是脸的上半部，特别是眼睛的反应是最直接，也最难以隐藏真实情绪反应的。

人们在想要更了解对方所说的话时，就会将焦点放在对方的嘴巴区域，特别是在嘈杂听不清楚的环境。一般社会礼节也让人觉得直接注视对方的眼睛，会让人有压迫感或威胁感。不过如果你想要搞清楚说话对象的真正想法，就别忽略了对方脸部上方及眼睛的真实反应！

（资料来源：http://www.suangua.com，有改动）

（一）解释加点词语

1. 脸部表情<u>透露</u>你的秘密。
2. 这<u>或许</u>有些夸张。
3. 人们借着表情，可以表达很多<u>层面</u>的感觉，可以是自己内心真正的感觉，可以是经过设计的反应，可以是为了某些目的而<u>伪装</u>的表情。
4. 不过如果你想要搞清楚说话对象的真正想法，就别<u>忽略</u>了对方脸部上方及眼睛的真实反应。
5. 观察对方的眼睛<u>的确</u>比较容易判断对方说的是不是真心话。
6. 这些伪装表情下的真实感觉却会<u>不知不觉</u>地从眼睛中透露出来。
7. 眼睛的反应是最直接，也最<u>难以</u>隐藏真实情绪反应的。
8. 人们在想要更了解对方所说的话时，就会将<u>焦点</u>放在对方的嘴巴区域。

（二）回答问题

1. 人类婴儿时期最早的脸部表情是什么？你见过婴儿这样的表情吗？
2. 当你跟人说话时，会看着对方的眼睛吗？为什么？

第十四课　鱼儿为什么接吻

接吻在有些读者眼中看来似乎是人类的专利，然而研究表明，具有这种似乎表现出两情相悦的行为其实并非只有人类。一些动物，甚至在水中的鱼类也常以嘴对嘴的姿态进行"交流"，这样的鱼类在我们身边并不少见，在世界各大水族馆中非常有名的接吻鱼就是如此。从它与 kissing（吻）有关的别名，例如：香吻鱼、亲嘴鱼、吻嘴鱼等不难看出，这种原产东南亚一带的淡水鱼类可能确实有着接吻的爱好。

接吻鱼是属于攀鲈科的一种观赏热带鱼，体形椭圆，呈肉白色，目前饲养十分广泛。在我国的观赏鱼市场上也能很容易地购买到它。如果你在自己的水族箱中饲养着几条，即使在比较简单的条件下，也有可能看到那令人心动的一幕：两条接吻鱼先是慢慢接近，然后张着它们那又圆又大的嘴唇，开始慢慢靠近。接吻鱼的嘴唇可能并没有进行真正的接触，这种状态可能还要保持一段时间，在没有其他鱼类来打扰的情况下，最终才会凭借接吻，二者连为一体，时间可以长达数秒，甚至持续数分钟。十分有趣的是，在它们"接吻"期间，两条连为一体的鱼经常保持不动的状态，有时则嘴对着嘴缓缓地互相推来推去，引人发笑。正是由于这种十分奇特的习性，加上它们那椭圆形的肉白色身体，适于在较小的水族箱中人工饲养，使原产印度尼西亚的接吻鱼成为了闻名全世界的观赏动物。市场价格也不断上升，每条鱼的价格达100美元左右。

有些人对接吻鱼的这种与人类相似的行为很感兴趣，常会提出这样的问题："它们为什么会接吻呢？"是啊，在这个行为上它们与人类是有什么相似之处吗？经过深入研究，接吻鱼的这种奇特行为有了答案，但是研究结果似乎有些令人失望：原来它们的这种接吻行为并非示爱，而是示威！事情为什么会这样呢？我们先看一下研究结果，研究者发现，接吻鱼的这种"嘴对嘴的示爱"并不是只在异性间发生，同性之间也经常接吻。根据观察，在幼年的接吻鱼中时常有"亲嘴"情况发生，实际情况是，当这种鱼类长到两厘米左右时，在成群的接吻鱼间就开始出现了这种"示爱"行为，与体长能够达到30多厘米的成鱼相比，它们的"恋爱"是不是早了一点儿？其实，如果我们知道接吻鱼还有一个叫做暹罗斗鱼的近亲也许会知道些什么，因为凡是饲养过这种斗鱼的爱好者都知道，当把两条雄暹罗斗鱼放在一起时，它们不久就会面对着面、嘴对着嘴在水族箱中推来推去，直到最后双方分出输赢为止。事实上，接吻鱼与暹罗斗鱼同属攀鲈科，在分类学上的血缘并不算远，也许接吻鱼的这种"亲嘴"行为是类似暹罗斗鱼相互争斗的一个"变形"。根据观察，属于攀鲈科的蓝星鱼、龙鱼等其他热带鱼类也有着与接吻鱼较为类似的"亲嘴"行为。事实表明，它们是在进行争斗！

尽管接吻在人类社会中可能是爱的表现，而对于接吻鱼来说，嘴对着嘴的行为却是一种勇气的表现，力量的象征！

（据韦三立《鱼儿为什么接吻》，《青年时代》2005年9月）

生词

1. 接吻　jiē wěn　（离）亲嘴。例如："那对恋人在沙发上接吻。"
2. 专利　zhuānlì　（名）法律保障创造发明者在一定时期内由于创造发明而独自享有的利益。例如："他获得了这项发明的专利权。"
3. 然而　rán'ér　（连）用在句子开头，表示转折。例如："我给他写了一封长信，然而他一直没有给我回信。"
4. 表明　biǎomíng　（名）表示清楚。例如："这部著作表明他是一个有创造力的作家。"
5. 两情相悦　liǎng qíng xiāng yuè　指男女两个人相互喜欢。例如："一对恋人往往以为只要'两情相悦'就可以结婚成家了。"
6. 行为　xíngwéi　（名）受思想支配而表现在外面的行动。例如："他的行为受到了上司的严厉批评。"
7. 并非　bìngfēi　（副）并不是。例如："事情并非像你所想象的那么糟糕。"
8. 一带　yídài　（名）泛指某处和与它相连的地方。例如："这一带是闹市区。"
9. 观赏　guānshǎng　（动）观看欣赏。例如："我喜欢观赏生活在大自然中的动物，而不愿看关在动物园里的动物。"
10. 体形　tǐxíng　（名）人或动物身体的形状。例如："为了保持完美的体形，她开始节食。"
11. 椭圆　tuǒyuán　（名）在平面上，一个动点 A 到两个定点 F，F′的举例的和等于一个常数时，这一动点 A 的轨迹就是一个椭圆。例如："这个球场很大，呈椭圆形。"
12. 呈　chéng　（动）具有（某种形式）；呈现（某种颜色）。例如："他听到那个消息时，脸上呈现吃惊的表情。"
13. 饲养　sìyǎng　（动）喂养（动物）。例如："我曾饲养过一只小狗。"

14. 购买　gòumǎi　（动）买。例如："有了网上商店，人们就可以在家里上网购买自己所需要的东西了。"

15. 幕　mù　（量）戏剧较完整的段落，每幕可以分若干场。例如："我几乎不敢相信眼前的这一幕。"

16. 靠近　kàojìn　（动）向一定的目标运动，使彼此间的距离缩小。例如："拍班级集体照的时候，摄影师让同学们再靠近些。"

17. 状态　zhuàngtài　（名）人或事物表现出来的形态。例如："他经常处于十分焦虑的状态。"

18. 最终　zuìzhōng　（名）最后。例如："那位病人最终死于癌症。"

19. 凭借　píngjiè　（动）依靠。例如："华人导演李安凭借《断背山》获得奥斯卡最佳导演奖。"

20. 奇特　qítè　（形）跟寻常的不一样。例如："他带着一种奇特的眼神盯着她看。"

21. 习性　xíxìng　（名）长期在某种自然条件或社会环境下所养成的特性。例如："猫和狗的习性很不一样——狗喜欢有伴，而猫爱独来独往。"

22. 闻名　wénmíng　（形）有名。例如："埃及以巨大的金字塔闻名于世。"

23. 上升　shàngshēng　（动）（等级、程度、数量）升高；增加。例如："近来气温上升，天气转暖。"

24. 示威　shìwēi　（动）向对方显示自己的力量。例如："参加游行示威的人超过了十万。"

25. 时常　shícháng　（副）常常；经常。例如："她时常去看电影。"

26. 近亲　jìnqīn　（名）血统关系比较近的亲戚。例如："虽然我们是近亲，但由于离得远，来往并不多。"

27. 凡是　fánshì　（副）总括某个范围内的一切。例如："凡是饲养过这种斗鱼的爱好者都知道这个事实。"

28. 为止　wéizhǐ　（动）截止；终止（多用于时间、进度等）。例如："他重复读了几遍直到记住为止。"

29. 分类　fēn lèi　（离）根据事物的特点分别归类。例如："图书馆的书是按照根据科目分类的。"
30. 血缘　xuèyuán　（名）血统。例如："他们之间虽然没有血缘关系，却胜似一家人，关系非常亲密。"

专名

1. 印度尼西亚　Yìndùníxīyà　东南亚的一个国家。
2. 暹罗斗鱼　Xiānluó dòuyú　一种鱼的名字。暹罗，泰国的旧称。

注释

1. 水族馆　shuǐzúguǎn　水生动物展览馆。
2. 淡水　dànshuǐ　含盐分极少的水。
3. 攀鲈科　Pānlúkē　鱼的科目名。
4. 热带　rèdài　赤道两侧南北回归线之间的地带。也叫回归带。

语言点

（一）近义词辨析

1. 奇特　　奇怪

"奇怪"指"出乎意料、难以理解、令人惊奇"的意思，也可指"稀奇、与众不同"的意思。"奇特"是指稀奇少见而奇异特别，在程度上深于"奇怪"。"奇特"多用于事，不常用于人；而"奇怪"可用于人，也可用于事物。例如：

(1) 海里有许多奇怪的动植物，所以人们称海底是一个奇妙的世界。

(2) 草地上，耸立着几块形状奇特的坚硬的岩石。

2. 习性　　个性

"习性"指一种习惯性的行为倾向或方式；而"个性"指在一定的社会条件和教育影响下形成的一个人的比较固定的特性。例如：

(1) 她活泼开朗的个性使她成为这里最受欢迎的人。

(2) 十多名动物专家来成都实地考察大熊猫的生活习性，学习和交流大熊猫的繁育技术。

（二）凡是

表示在一定范围里没有例外。用在主语前边。例如：

(1) 凡是饲养过这种斗鱼的爱好者都知道这个事实。

(2) 凡是帮助过我的人，我都不会忘记。

注意："凡是"中的"是"都可以不说出来，而只用"凡"。

（三）尽管

连词，表示让步；虽然。

1. 后一小句用"但是、然而、可是、可、还是、仍然、却"等呼应。例如：

(1) 尽管接吻在人类社会中可能是爱的表现，而对于接吻鱼来说，嘴对着嘴的行为却是一种勇气的表现，力量的象征。

(2) 尽管电影、电视已经普及，但乡戏并没有因此退出舞台，反而越唱越红火。

2. "尽管"用于后一小句。多用于书面。例如：

(1) 这个问题到现在还没有解决，尽管已经想了不少办法。

(2) 这种句子并不是问句，尽管句中有疑问词。

练习

一、熟读并抄写下列词语

甚至　　姿态　　象征　　观赏　　饲养　　两情相悦
嘴唇　　最终　　持续　　闻名　　血缘　　不分输赢

二、解释下列句子中的加点词语

1. 接吻在有些读者眼中看来似乎是人类的专利，然而研究表明，具有这种似乎表现出两情相悦的行为其实并非只有人类。
2. 即使在比较简单的条件下，也有可能看到那令人心动的一幕。
3. 在它们"接吻"期间，两条连为一体的鱼经常保持不动的状态，有时则嘴对着嘴缓缓地互相推来推去，引人发笑。
4. 一些动物，甚至在水中的鱼类也常以嘴对嘴的姿态进行"交流"。
5. 在没有其他鱼类来打扰的情况下，最终才会凭借接吻二者连为一体。
6. 对于接吻鱼来说，嘴对着嘴的行为却是一种勇气的表现，力量的象征！

三、根据课文内容选词填空

长达　靠近　持续　接近　打扰　接触　张着　保持

两条接吻鱼先是慢慢_____，然后_____着它们那又圆又大的嘴唇，开始慢慢_____。接吻鱼的嘴唇可能并没有进行真正的_____，这种状态可能还要_____一段时间，在没有其他鱼类来_____的情况下，最终才会凭借接吻二者连为一体，时间可以_____数秒，甚至_____数分钟。

四、选择适当的词语填空

奇特　　奇怪

1. 真_____，我上火车前，竟然没有人查看我的车票。

2. 我从没见过如此_____的景象！

3. 他时常提出一些_____的问题。

4. 他希望给自己的孩子取一个_____的名字，以示与众不同。

习性　个性

5. 这孩子_____倔强，不大好管。

6. 要养兰花就得了解兰花的生长_____。

姿态　姿势

7. 写字_____要端正，否则孩子的脊柱容易长歪。

8. 你应该表现得大度一点，做出让步的_____。

观赏　欣赏　鉴赏

9. 故宫珍宝馆里的展品既是艺术品又是文物，值得_____。

10. 我很_____你做事的风格。

11. 欢迎您来我们大剧院_____杂技表演。

12. 青少年应该学习一些基本的音乐_____知识，提高自己的艺术修养。

闻名　有名

13. 中国的二万五千里长征_____世界。

14. 西湖是全国最_____的旅游风景区之一。

五、运用下列句子中的加点结构造句

1. 两条接吻鱼先是慢慢接近，然后张着它们那又圆又大的嘴唇，开始慢慢靠近。

2. 原来它们的这种接吻行为并非示爱，而是示威！

3. 凡是饲养过这种斗鱼的爱好者都知道。

4. 尽管接吻在人类社会中可能是爱的表现，而对于接吻鱼来说，嘴对着嘴的行为却是一种勇气的表现，力量的象征！

5. 与体长能够达到30多厘米的成鱼相比，它们的"恋爱"是不是早了一点儿?

6. 在没有其他鱼类来打扰的情况下,最终才会凭借接吻二者连为一体。

六、用指定词语完成句子

1. 他确实想帮我们的忙,＿＿＿＿＿＿＿＿＿＿＿＿＿＿＿＿＿。(然而)
2. ＿＿＿＿＿＿＿＿＿,她在国际电影节上获得了最佳女演员奖。(凭借)
3. 元宵虽然好吃,但＿＿＿＿＿＿＿＿＿＿＿＿＿＿＿。(并非)
4. ＿＿＿＿＿＿＿＿＿＿＿都一定会对这种行为感到吃惊。(凡是)
5. ＿＿＿＿＿＿＿＿＿＿＿＿＿＿＿＿＿都不会长久。(凡是)

七、根据课文回答问题

接吻鱼的接吻是一种类似人类的示爱行为吗?接吻鱼接吻的真正含义是什么?

八、请以"接吻鱼的接吻行为"为题复述课文

九、作文:运用下列词语,写一篇说明文(字数要求:150字以上)

两情相悦,姿态,饲养,令人心动,接触,状态,打扰,持续,习性,奇特,争斗,勇气,象征……

十、阅读下面的文字,说说它的大意

年 画

我们在中国人过春节贴的年画中,经常会看到胖娃娃骑在大红鱼上,或者把它们抱在怀里,就像抱玩具熊一样。这是一个双关语。"鱼"字的读音与"余"字完全相同。就像西方人只要看到一颗心,马上就会联想到爱情。中国人一看到一条红鱼,马上就会想到富裕和财富。

年画"年年有鱼",男孩子抱一条大鱼,象征"年年有余"的意思。

副课文

海洋鱼类奇异婚配

成春到

在海洋中,有些鱼类的婚配十分奇异,是陆上动物所罕见的。

雄鱼能照料后代才可成为丈夫

地中海里有一种海鳗鱼,雌鱼的择偶标准,是雄鱼能否照料后代。只有能照料后代的雄鱼,才有资格成为丈夫。为此,雌鱼对未来丈夫都要进行"好爸爸"测试。其方法是:它将一堆鱼卵留给一条雄鱼,如果雄鱼在几天内不丢弃、不吞食,当它再次来访时,就可以进行交配;如果发现留给雄鱼的卵已不复存在,它就会认为这条雄鱼是"坏爸爸",绝不会进行交配。

丈夫、妻子轮流做

墨西哥生活着一种沙酯鱼，成年以后，双方都要做一次丈夫和一次妻子，且丈夫、妻子轮流做。当一对达到婚配年龄的沙酯鱼生活在一起时，其中一条先做丈夫，完成第一次交配后，双方会互换位置，原来做妻子的会变成丈夫，做丈夫的会变成妻子，再进行第二次交配。在巴西海域也有一种石斑鱼，它们不仅在交配时可以相互变性，而且在一天之内，相互变来变去可达四、五次之多。

群中无雄拉郎配

南美洲有一种花鳉鱼，全部都是雌鱼，没有一条雄鱼。为了繁衍后代，它们只好拉郎配。"郎"就是那些同属不同种的两性鱼类中的雄鱼。而一些强壮的雄鱼看不上花鳉鱼，只和同类的雌鱼交配；只有剩下的那些弱鱼，才肯当其丈夫，但它们的精子只能刺激花鳉鱼的卵，使卵易于孵化，但不能把遗传物质传给后代。

（据成春到《将爱情进行到底——海洋鱼类奇异婚配》，《海洋世界》2003年第5期）

（一）解释加点词语

1. 在海洋中，有些鱼类的婚配十分奇异，是陆上动物所罕见的。
2. 只有能照料后代的雄鱼，才有资格成为丈夫。
3. 沙酯鱼成年以后，双方都要做一次丈夫和一次妻子，且丈夫、妻子轮流做。
4. 为了繁衍后代，它们只好拉郎配。
5. 地中海里有一种海鳗鱼，雌鱼的择偶标准，是雄鱼能否照料后代。
6. 它们的精子只能刺激花鳉鱼的卵，使卵易于孵化。

（二）回答问题

请描述一下你所熟悉的一种小动物。

第十五课　犬的等级心理

在所有驯养的动物中，犬是一种最适合于和人生活在一起的动物。犬能顺从于主人，听从指挥，建立互相理解、互相爱戴的关系。犬的这种紧密合作的行为是由其等级心理所决定的。在犬的心目中，主人是自己的自然领导，主人的家园是其领土。这种顺应的等级心理沿袭于其家族顺位效应。同窝仔犬在接近断奶期时，便已开始了决定顺位的争夺战。

刚开始并没有性别差异，一段时间后，杰出的公犬就会镇压其他犬。其实这种顺位等级心理，仔犬出生时便已存在，比较聪明的仔犬在全盲的时候，就已开始探索乳汁最多的乳头，如果其他犬也来吸，它就会从下面插进去将这头犬推开，抢回这个乳头。

在犬的家庭中，根据性别、年龄、个性、才能、体力等条件决定首领。往往公的、年龄大、个性强、智慧高的为家长。家长的权力是至高无上的，家族中的其他成员只能顺从于它。对仔犬而言，父母犬是自然的家长。当年轻的仔犬发现了某种情况，并不会立即独自跑过去，而只是站起来，以等待指示般的紧张表情回头看家长，如果家长站起来就高兴地跟在后面。如果家长不理它，依旧躺着，那么这头年轻犬心里虽然很想动，也不得不再度坐下来。此外，我们经常发现，当母犬（家长）从外面回来时，家族中的成员会兴奋地到处跑跳，争相围绕在它的身边，舔它的嘴边、鼻子，使它几乎无法动弹。相反，家长一声怒，成员往往会胆怯畏缩，有的甚至会腹部朝上仰躺，等待家长的责备。这都是犬等级心理及理智直觉的外在表现。

　　同样，在一个犬群中，也存在着顺位等级，这种顺序我们可以在将一群犬叫进犬舍时看出，往往犬群中的领导者领先，然后依照位次，逐一进入。最后进入的犬从不争先，只因为它明白自己处于最低位。有时，这样的犬会同时受到许多犬的攻击。犬的这种理智的等级心理维护着犬群的安定，避免了无谓的自相残杀，保证了种族的择优传宗，繁衍旺盛。犬在等级心理的支配下，会发生等级争斗行为。人们通过观察争斗行为来了解犬的等级心理，掌握等级顺位，优势序列，选择出优秀的头领犬。

　　在犬的家族中，犬知道自己的顺位，对于自己的地位绝不会搞错。有研究者提出，犬对人的顺位也很了解，并且大体上与我们所认定的顺位一致，例如：主人、妻子、小孩、佣人的顺序。在家养犬中，犬对一家人的话并不是都服从，而只是服从自己主人的命令，主人不在时，才服从其他人的命令。这表明了在犬的心目中，主人是最高等级，其他人是次要等级，自己是最低等级。犬在其等级心理的支配下，还会想方设法亲近主人或最高地位者，以获得他们的保护，在首领的影响下提高自己的顺位。正是犬的这种等级心理，犬对主人的命令才会服从，才会忠于其主人。如果犬对主人的等级发生倒位，则常出现犬威吓、攻击主人的现象。

（资料来源：http://zhouhuai11.blogcn.com，有改动）

生词

1. 驯养　xùnyǎng　（动）饲养野生动物使逐渐驯服。例如:"马戏团在驯养猴子。"
2. 顺从　shùncóng　（动）依照别人的意思,不违背,不反抗。例如:"妻子不能一味顺从丈夫。"
3. 听从　tīngcóng　（动）依照别人的意思行动。例如:"一切行动听指挥。"
4. 爱戴　àidài　（动）敬爱并且拥护。例如:"大家都很爱戴我们的总理。"
5. 心目　xīnmù　（名）指想法和看法。例如:"在他的心目中,国家利益高于一切。"
6. 顺应　shùnyìng　（动）顺从,适应。例如:"时装设计应当顺应潮流。"
7. 沿袭　yánxí　（动）按照原有的传统或规定办理。例如:"这次设计沿袭了旧有的传统。"
8. 顺位　shùnwèi　（名）顺从不同地位或等级。例如:"这种顺应的等级心理沿袭于其家族顺位效应。"
9. 效应　xiàoyìng　（名）反应和效果。例如:"广告效应非常有利于促销。"
10. 差异　chāyì　（名）差别,不相同。例如:"上海和北京差异很大。"
11. 镇压　zhènyā　（动）用强力压制,不许进行活动。例如:"大狗往往会镇压小狗。"
12. 首领　shǒulǐng　（名）指某些团体的领导人。例如:"这个小团体的首领是小王。"
13. 至高无上　zhì gāo wú shàng　最高,没有更高的。例如:"首领的权力是至高无上的。"

14. 再度　zàidù　（副）第二次；又一次。例如："她再度怀孕了。"
15. 动弹　dòngtan　（动）活动。例如："两脚发麻，不想动弹了。"
16. 胆怯　dǎnqiè　（形）胆小；畏缩。例如："第一次上讲台的时候，我心里还是有点胆怯的。"
17. 畏缩　wèisuō　（动）害怕而不敢向前。例如："在困难在前毫不畏缩。"
18. 依照　yīzhào　（介）以某事物为根据照着进行。例如："依照他说的去做。"
19. 无谓　wúwèi　（形）没有意义；毫无价值。例如："夫妻之间不要做无谓的争论。"
20. 繁衍　fányǎn　（动）逐渐增多或增广。例如："老鼠具有旺盛的繁衍能力。"
21. 支配　zhīpèi　（动）对人或事物起引导和控制的作用。例如："思想支配行动。"
22. 威吓　wēihè　（动）用威势来吓唬。例如："不怕武力威吓。"

语言点

（一）于

"于"可以作词语的后缀，构成新词。

1. 动词后缀。例如：

　　（1）合于、属于、适于、对于、在于。

2. 形容词后缀。例如：

　　（1）善于、易于、急于、长于、小于、多于。

（二）而

连词，连接语意相反的成分，表示转折。例如：

（1）会做而不去做，那只能说明他太懒了。

（2）当年轻的仔犬发现了某种情况，并不会立即独自跑过去，而只是站起来，以等待指示般的紧张表情回头看家长，如果家长站起来就高兴地跟在后面。

（三）并且

连词，用在复合句后半句，表示更进一层的意思。例如：

（1）他被评为学习模范，并且出席了全校的模范学生表彰会。

（2）有研究者提出，犬对人的顺位也很了解，并且大体上与我们所认定的顺位一致，例如：主人、妻子、小孩、佣人的顺序。

练习

一、熟读并抄写下列词语

驯养　听从　爱戴　紧密　沿袭　动弹　至高无上
直觉　无谓　繁衍　旺盛　序列　支配　自相残杀

二、解释下列句子中的加点词语

1. 在所有驯养的动物中，犬是一种最适合于和人生活在一起的动物。
2. 犬能顺从于主人，听从指挥，建立互相理解、互相爱戴的关系。
3. 这种顺应的等级心理沿袭于其家族顺位效应。
4. 刚开始并没有性别差异，一段时间后，杰出的公犬就会镇压其他犬。
5. 在犬的家庭中，根据性别、年龄、个性、才能、体力等条件决定首领。

6. 如果家长不理它，依旧躺着，那么这头年轻犬心里虽然很想动，也不得不再度坐下来。

7. 相反，家长一声怒，成员往往会胆怯畏缩，有的甚至会腹部朝上仰躺，等待家长的责备。

8. 如果犬对主人的等级发生倒位，则常出现犬威吓、攻击主人的现象。

三、根据课文内容填空

1. **用介词填空**

（1）犬能顺从_____主人，听从指挥，建立互相理解、互相爱戴的关系。

（2）_____犬的心目中，主人是自己的自然领导，主人的家园是其领土。

（3）_____仔犬而言，父母犬是自然的家长。

（4）人们_____观察争斗行为来了解犬的等级心理，掌握等级顺位，优势序列，选择出优秀的头领犬。

（5）在犬的家族中，犬知道自己的顺位，_____自己的地位绝不会搞错。

2. **用关联词语填空**

（1）当年轻的仔犬发现了某种情况，并不会立即独自跑过去，_____只是站起来，以等待指示般的紧张表情回头看家长，_____家长站起来就高兴地跟在后面。如果家长不理它，依旧躺着，_____这头年轻犬心里_____很想动，_____不得不再度坐下来。

（2）在家养犬中，犬对一家人的话_____都服从，_____服从自己主人的命令，主人不在时，_____服从其他人的命令。

3. **用动词填空**

（1）此外，我们经常_____，当母犬（家长）从外面回来时，家族中的成员会兴奋地_____，争相_____在它的身边，_____它的嘴边、鼻子，使它几乎无法_____。

（2）犬的这种理智的等级心理，_____着犬群的安定，_____了无谓的自相残杀，_____了种族的择优传宗，繁衍旺盛。

四、选择适当的词语填空

顺从　　听从　　顺应

1. 她总是_____她母亲的意见。
2. 一味_____、娇纵孩子，最终会使他们无法在现实社会中竞争。
3. 他总是装出一副_____的样子，实际上在内心里却不以为然。

效果　　效应

4. 我试用了这种新型洗发水，_____很好。
5. 温室_____是怎么产生的？

畏缩　　胆怯

6. 他在门外徘徊，因过于_____而不敢进去。
7. 在困难面前，他从不_____。

无谓　　无所谓

8. 你愿意告诉谁就告诉谁——对我来说都_____。
9. 那一场_____的争吵使我俩的关系疏远了。

支配　　控制

10. 我们的计划顺利完成了，于是我们很快就_____了局面。
11. 目前，该公司可自由_____的资金已经不多了。

五、解释下列句子中"于"的用法

1. 他生于1958年。
2. 献身于科学事业。
3. 募捐活动往往都出于自愿。
4. 5大于3。

5. 狗顺从于自己的主人。

六、运用下列句子中的加点结构造句

1. 犬的这种紧密合作的行为是由其等级心理所决定的。
2. 如果其他犬也来吸，它就会从下面插进去将这头犬推开，抢回这个乳头。
3. 对仔犬而言，父母犬是自然的家长。
4. 那么这头年轻犬心里虽然很想动，也不得不再度坐下来。
5. 犬在其等级心理的支配下，还会想方设法亲近主人或最高地位者，以获得他们的保护，在首领的影响下提高自己的顺位。
6. 正是犬的这种等级心理，犬对主人的命令才会服从，才会忠于其主人。

七、用指定词语完成句子

1. 威尼斯的美很大程度上＿＿＿＿＿＿＿＿＿＿。（在于）
2. ＿＿＿＿＿＿＿＿＿＿，人们感到非常气愤。（对于）
3. 不要＿＿＿＿＿＿＿＿＿＿，弄清楚情况再说。（急于）
4. 一个优秀的人总是＿＿＿＿＿＿＿＿＿＿。（善于）
5. 应该节约开支＿＿＿＿＿＿＿＿＿＿。（以）
6. 我们都要做好自己的工作，＿＿＿＿＿＿＿＿＿＿。（并且）

八、根据课文回答问题

1. 哪一种动物最适合于和人生活在一起？
2. 犬为什么能和人紧密合作？
3. 在犬的家庭中谁是首领？
4. 家长的权力有多大？有哪些表现？
5. 犬知道人在家庭中的地位顺序吗？

九、请以"狗的等级观念"为题复述课文

十、作文：运用下列词语，写一篇关于狗的说明文

（字数要求：150字以上）

狗，故事，养狗，驯狗，乐趣，心理，活动……

十一、阅读下列关于狗的俗语，说说它们的大意

汉语里关于"狗"的俗语，大多都是贬义的。例如：

狗嘴里吐不出象牙：比喻坏人说不出好话。

狗仗人势：比喻奴才、走狗倚仗主子的势力。

狗屁不通：形容话或文章极不通顺。

狗改不了吃屎：比喻本性难改。

狗拿耗子：比喻做外行事或多管闲事。

你还知道哪些呢？

副课文

狗的行为和心理

狗让人家看它的肚子是向对方表示顺从和投降。狗的社会中也有一定规则，它们决不攻击倒下露出肚子的对手。狗将肚子朝天躺着睡时表示它很放心或很信任，才会让人看到或是让人摸它的肚子。

狗喜欢人甚于喜欢同类，这不仅是由于人能照顾它，给它吃、住。更主要原因是狗跟人为伴，建立了感情。狗对自己的主人有强烈的保护心。有的狗从水中、失火的房子里或车子下救出孩子，狗会帮助它受难或受伤的狗友同伴。

狗具有领地习性，就是自己占有一定范围，并加以保护，不让其他动物侵入。它们利用肛门腺分泌物使粪便具有特殊气味，趾间汗腺分泌的汗液和

用后肢在地上抓画，作为领地记号。

狗的嫉妒心非常强，当你把注意力放在新来的狗身上，忽略了对它的照顾时，它就会愤怒，不遵守已养成的生活习惯，变得暴躁和具有破坏性。

狗也有虚荣心，喜欢人们称赞表扬它。当它办一件好事，或做一些小技巧活动，你拍手赞美它，抚摸它，它就会像吃了一顿丰盛美餐那样心满意足。狗也有害羞心，例如：它做错了事或被毛剪得太短，它就会躲在什么地方，等肚子饿了才出来。

在记忆力方面，狗对于曾经和它有过亲密相处的人，似乎永不会忘记他的声音，同时自己住过的地方也能记得。但也有人认为狗是靠它的感官灵敏性，来识别熟人的声音和认识地方的。

狗喜欢嗅闻任何东西。嗅闻领地记号，新的狗、食物、毒物、粪便、尿液等等。狗在外出漫游时，我们常常看到它不断地小便或蹲下大便，把它的粪便布撒路途。而它就是依靠这些"臭迹标志"行走的。

狗喜欢追捕生物。例如：追捕和杀死小动物。追逐兔、猫、羊等，甚至追咬人类，人利用狗的这种特性，让它驱赶羊群、牛群和保护人类自己。

狗生病时，会本能地避开人类或者其他狗，躲在阴暗处去康复或死亡，这是一种"返祖现象"。狗的祖先都是群居生活，狗群中若有生病或受伤的，别的狗会杀死它，以免全受到连累或掉队后受罪。这点要引起狗主人或饲养员注意，应及时请兽医诊治。

狗最不喜欢酒精。在兽医院里给狗打针时，在未擦酒精前，表现乖乖的。一旦擦酒精后，狗嗅到了味，毛发马上直立并咆哮不安。

狗怕火，因此凡是冒烟的东西，它都不喜欢，例如划火柴、吸烟等。

（据王强、石雨《帅狗—宠狗喂养与训练》，
四川科技出版社，2000年）

（一）解释加点词语

1. 狗会帮助它受难或受伤的狗友同伴。

2. 狗具有领地习性，就是自己占有一定范围，并加以保护，不让其他动物侵入。

3. 狗的嫉妒心非常强，当你把注意力放在新来的狗身上，忽略了对它的照顾时，它就会愤怒，不遵守已养成的生活习惯，变得暴躁和具有破坏性。

4. 狗也有虚荣心，喜欢人们称赞表扬它。

5. 狗在外出漫游时，我们常常看到它不断地小便或蹲下大便，把它的粪便布撒路途。

6. 狗的祖先都是群居生活，狗群中若有生病或受伤的，别的狗会杀死它，以免全受到连累或掉队后受罪。

7. 一旦擦酒精后，狗嗅到了味，毛发马上直立并咆哮不安。

（二）回答问题

1. 狗在什么时候会害羞？
2. 狗的记忆力怎么样？
3. 狗为什么要不断大小便？
4. 什么是"返祖现象"？人类有这种情况吗？
5. 关于狗，你还知道它有哪些心理？

第五单元
中外交流篇

第十六课　从象形到形声

在这一课中，我们来谈谈汉字的几种造字法。

象形

最初的文字是不同东西和现象的简单图像。最古老的形式富有表现力，其中有很多直到今天还保持着自己的形象特征。根据一项最新的统计，甲骨文中出现 227 个不同的简单象形字。公元 121 年许慎的《说文解字》中，总数增加到 364 个。它们是汉语的基本字，相当于化学中的基本元素。

如果仅仅是为了表达具体的东西，如日和月，妇女和儿童，车、田地等等，用象形文字基本上问题不大；但如果反映一些抽象的字，它就无能为力了。有些抽象的字，例如数字和"上"、"下"这些概念，只能通过简单的提示符号来表现。在另外一些情况下，我们用表现一个具体东西的象形文字来表示一个抽象的意思。"日"的形象也可以代表"日子"，表示有太阳的时间；"月"也可以表示"月份"，月亮转一圈正好是一个月；"高"也可以用一座高大建筑物来表示，等等。

合成象形字——会意

但是很多字不可能用简单的方法来表现。早在文字的初期发展阶段，人们就开始把两个或两个以上相同的字合在一起，让它们组成一个独立的字。例如：两个"木"组成"林"，三个"木"

组成"森",表示森林。

有不少字是由两个或三个相同的字组成的,但是用这种方法造字的可能性是非常有限的。一个更加有效的方法是把更多不同的字组合起来。有时候字的各个部分有着共同的特点,有时候这一部分从属于另一部分。

"日"和"月"都能发出光,它们组成"明"字。

"女"和"子"组成"好"。

"人"和"言"组成"信"。

甲骨文中出现396个这种结构的字。在《说文解字》中有1167个。中文里称之为"会意"。其中绝大多数表示抽象的意思,但是也有一些表示具体的意思,例如:"囚"、"家"。

形声

我们看到,人们用不同的方法造了一大批新字。但造字者们仍然没有解决根本问题:人们怎么样给口语中上万个有音无字的词造字呢?

这个任务似乎无法解决。但是人们创造了一个新的、革命性的造字方法:一个合成字中,一部分表形,另一部分表声。人们不必过多地考虑它的意思,只用它代表声。这类字表示意思的部分被称作形旁,表示声音的部分称作声旁。用这种方法创造的字一般称作形声字。

例如:"海洋"的"洋","氵"是形旁,表示与水有关系;"羊"是声旁,表示"洋"读"羊(yáng)"的音。还有"帽"、"洋"、"材"等。在全部汉字中,形声字所占的比例最大。在甲骨文中,形声字约占27%,稍少于会意字(32%);而到了秦汉时期,形声字便增加至80%以上。现代汉语中,形声字的比例已超过90%。

第十六课
从象形到形声

假借

随着社会和语言的发展，词汇量大为增加，无法再用合成象形字的方法创造出可以理解的字。为了摆脱这种困境，人们采用了借字的极为简单的办法，把它们当作书写里没有的同音字。比如有这样两个字，它们的发音相同：一个表示"麦"，另一个字的意思是"来"。人们已经有了一个表示麦子的字，但是没有表示"来"的字。在这种情况下，人们不是再造一个新字，而是借用表示麦子的字，让读者决定，在什么情况下它是"麦"，在什么情况下它是"来"。

同样，人们用"万"字——这本来是个相当可怕的昆虫形象（"萬"）——表示数字"万"，而把原本表示器物的"其"字当作指示代词和物主代词使用：表示"这个"、"那个"、"他的"、"她的"和"它的"等。

（据〔瑞典〕林西莉著《汉字王国》，李之义译《生活·读书·新知》三联书店，2007）

生词

1. 统计　tǒngjì　（动）总括地计算。例如："请统计一下参加秋季运动会的学生人数。"
2. 相当　xiāngdāng　（形）适宜；合适。例如："这工作还没找到相当的人。"
3. 反映　fǎnyìng　（动）反照，比喻把客观事物的实质表现出来。例如："这篇文章反映了他的真实思想。"

4. 抽象 chōuxiàng （形）不能具体经验到的、笼统的、空洞的。例如："你这样讲太抽象了，能不能用一个事例来说明呢？"

5. 无能为力 wú néng wéi lì 用不上力量；没有力量或力量薄弱。例如："事情到了这个地步，我们也无能为力了。"

6. 概念 gàiniàn （名）思维的基本形式之一，反应客观事物的一般的、本质的特征。例如："什么是对，什么是错，我们应该有个明确的概念。"

7. 提示 tíshì （动）把对方没有想到或想不到的提出来，引起对方注意。例如："经老师一提示，我很快就把这道数学题答出来了。"

8. 符号 fúhào （名）记号；标记。例如："文字是记录语言的符号。"

9. 合成 héchéng （动）由部分组成整体。例如："合力是分力的合成。"

10. 初期 chūqī （名）开始的一段时期。例如："在学习汉语的初期，我觉得十分吃力。"

11. 有限 yǒuxiàn （形）数量不多；程度不高。例如："由于数量有限，每个人只能分到一个苹果。"

12. 组合 zǔhé （动）组织成为整体。例如："这本集子是由诗、散文和短篇小说三部分组合而成的。"（名）组织起来的整体。例如："词组是词的组合。"

13. 结构 jiégòu （名）各个组成部分的搭配和排列。例如："这台机器的机构非常复杂。"

14. 随着 suízhe （介）表示一种伴随的状态。例如："随着天气的转暖，人们纷纷脱掉了厚重的棉衣，换上了漂亮的春装。"

15. 摆脱 bǎituō （动）脱离（牵制、束缚、困难、不良的情况等）。例如："他终于摆脱了束缚，可以自由地呼吸了。"

16. 困境 kùnjìng （名）困难的处境。例如："目前他正处于困境中，我们应该帮他一把。"

17. 麦 mài （名）一种草本植物，是我国北方重要的粮食作物。例如："绿油油的麦田。"

18. 昆虫 kūnchóng （名）如蜜蜂、蚊子、苍蝇等节肢动物。例如："他研究昆虫的习性。"

专名

甲骨文　Jiǎgǔwén　古代刻在龟甲和兽骨上的文字。现在的汉字就是从甲骨文演变下来的。

语言点

（一）相当

形容词，用于可对比的两方面，两方面差不多（多指数量、价值、条件等方面说）。

1. 可以单独作谓语，前面不能出现程度副词。例如：
   （1）他们两个人水平相当。
   （2）我觉得你们俩年龄相当，条件也相当。

2. 相当+于……："于"有时也可以省去。例如：
   （1）它们是汉语的基本字，相当于化学里的基本元素。
   （2）这孩子已经十岁了，可是身体发育情况只相当于七八岁的孩子。

（二）随

意思是"跟随"，经常带"着"，而且必带名词宾语。例如：
（1）他们已经随大伙儿一起走了。
（2）随着社会和语言的发展，词汇量大为增加。

（三）性

后缀，表示事物的某种性质或性能，附加在名词、动词、形容词后面构成新词。

1. 构成抽象名词。
   (1) 名词+性。例如：
       人民性、科学性、时间性。
   (2) 动词/形容词+性。例如：
       计划性、适应性、创造性、可能性。

2. 构成非谓形容词。"性"后一般可带"的"。
   (1) 名词+性。例如：
       经典性著作、历史性事件、革命性的方法。
   (2) 动词/形容词+性。例如：
       综合性刊物、硬性规定、流行性感冒。

（四）所

助词，经常用在及物动词之前，使"所+动"成为名词性短语。这种短语多用于书面。

1. 加"的"修饰名词。被修饰的名词在意念上是前面动词的受事。例如：
   (1) 在全部汉字中，形声字所占的比例最大。
   (2) 他是广大观众所熟悉的一位老演员。

2. 加"的"代替名词。例如：
   (1) 我所知道的就是这些。（＝我所知道的事情）
   (2) 他所说的未必确实。（＝他所说的话）

以上两项，口语里可以不用"所"，意思相同。

3. 不加"的"代替名词。例如：
   (1) 这件事还不为人所知。

练习

一、熟读并抄写下列词组

富有　　　统计　　　相当　　　反映　　　说文解字
初期　　　有限　　　结构　　　摆脱　　　无能为力

二、解释下列句子中的加点词语

1. 最古老的形式富有表现力。
2. 如果反映一些抽象的字，它就无能为力了。
3. 一个更加有效的方法是把更多不同的字组合起来。
4. 有时候这一部分从属于另一部分。
5. 甲骨文中出现396个这种结构的字，中文里称之为"会意"。
6. 到了秦汉时期，形声字便增加至80%以上。
7. 人们创造了一个新的、革命性的造字方法。
8. 它们是汉语的基本字，相当于化学中的基本元素。
9. 有些抽象的字，只能通过简单的提示符号来表现。
10. 人们就开始把两个或两个以上相同的字合在一起。

三、选择适当的词语填空

反映　　反应

1. 这首诗歌_____了现实的生活和斗争。
2. 他的演说引起了不同的_____。
3. 他_____的情况应该引起重视。
4. 别把这两种东西放在一起会起化学_____的。

方法　　办法

5. 不是你不够认真，而是你学习的_____有问题。
6. 你看他这个样子，我真是拿他一点_____都没有。

抽象　　形象

7. 我不喜欢数学，特别是代数，太＿＿＿＿＿了，我怎么想也想不明白。

8. 你看他写得多棒，多么＿＿＿＿＿生动，我觉得自己仿佛就在故事发生的现场。

和　　合

9. 大多数情况下，你把两个字＿＿＿＿＿在一起，就会产生一个新的字。

10. 这道题其实就是要你算出这两个数字的＿＿＿＿＿。

保留　　保存　　保持

11. 在外表上她＿＿＿＿＿着平静，但实际上她生气了。

12. 在一些问题上，他仍然＿＿＿＿＿自己的意见。

13. 这种食品应低温＿＿＿＿＿。

四、完成下列短语

1. 请填写中心语

简单的（　　　）　　古老的（　　　）　　抽象的（　　　）

有效的（　　　）　　最新的（　　　）　　过多的（　　　）

2. 请填写宾语

富有（　　　）　　保持（　　　）　　摆脱（　　　）

解决（　　　）　　根据（　　　）　　造（　　　）

五、运用下列句子中的加点结构造句

1. 如果仅仅是为了表达具体的东西，例如：日和月，妇女和儿童，车、田地等等，用象形文字基本上问题不大；但如果反映一些抽象的字，它就无能为力了。

2. 在全部汉字中，形声字所占的比例最大。

3. 有不少字是由两个或三个相同的字组成的。

4. 人们不是再造一个新字,而是借用表示麦子的字。
5. 人们把原本表示器物的"其"字当作指示代词和物主代词使用。
6. 一个合成字中,一部分表形,另一部分表声。

六、用指定词语完成句子

1. 地球上每天是 24 小时,而月球上的一天＿＿＿＿＿＿。(相当于)
2. 一公斤＿＿＿＿＿＿＿＿＿克。(相当于)
3. ＿＿＿＿＿＿＿＿＿,人们就不那么喜欢幻想了。(随着)
4. ＿＿＿＿＿＿＿＿＿,听众越来越多了。(随着)
5. 大家＿＿＿＿＿＿＿,不由得流下了眼泪。(为……所)
6. 他内心深感不安,因为＿＿＿＿＿＿＿。(所作所为)

七、根据课文回答问题

请你解释"象形字"、"会意字"、"假借字"和"形声字"的概念。

八、请以"汉字的几种造字法"为题复述课文

九、作文:运用下列词语,写一篇关于汉字的说明文

(字数要求:150 字以上)

图像,古老,形式,富有,保持,相当于,反映,无能为力,有限,有效,组合,随着,摆脱,困境……

十、阅读下列短文,说说它的大意

"美"字的本义

"美":东汉许慎在《说文解字》中把"美"解释为"羊大则美"。羊大为"美",是由于羊肉好吃的缘故:"美,甘也。从'羊'从'大',羊在六畜,主给膳也。""美"的本意是"羊大",意味着"甘";原来羊与马、犬、牛不同,它主要是供人食

用的。《说文解字》对"甘"的解释也是:"甘,美也。从口含一。""好吃"为"美"几乎成为千百年来相沿袭用的说法,就是在今天的语言中也仍有保留,当我们吃到美味可口的东西,常常会称赞道:"美!"

副课文

有趣的"木"字

"木"字能组成很多合成字。有时候会出现莫名其妙的形式。不管怎么样都是"木","木"字上面加一横就成了"末",意思为"树尖"、"树梢",转义也有"结尾"、"细末"、"细粉"。

"本"表示根。"本"字中树的下半部分已经简化为一笔。"本"字转义还用于"本源"、"根本"、"原本"、"起源"。"本"还用来表示"卷"和"书"。也许,这跟书是中国教育之本,具有决定性的意义密切相关吧!

"独木不成林",这是一句中国成语。这是对"林"字的绝妙解释。

"林"与"火"组成"焚"字。是一场森林大火或者是对刀耕火种时代的记忆吧?可能是这样。但是"焚"字在很多与狩猎有关的卜辞里使用。因为人们经常在森林里放火,把隐藏在里面的鹿、野猪和其他猎物轰出来——这是在世界很多地方都用过的一种古老的捕猎方法。

三个"木"组成"森",阴森、繁密的树林。

一个人靠在树旁边。可能要乘凉。其意为"休"。

一棵树上有一只鸟为"集"。猛一看显得有些奇怪——自己跟自己怎么能"集"呢?但是根据一些专家的意见,这个字最初的意思为"过夜",如果这样解释的话,这个形象马上就清楚多了。考虑到造字时的实际情况,这个字还是不错的。如我们看到的那样,黄河流域古老的中心地带的大部分鸟类是鸡类鸟,在树枝上睡觉,喜欢集群。因此"定居"的含义逐渐也有了

"集"的意思。为了使这个字变得更清楚,人们又加上几只鸟,这种字形保持了很长时间。但是现在多余的鸟不见了,原来那只鸟仍然站在树枝上睡觉。这个字也用于"集中"、"结集出版"和"文集"等。

一棵树下有一张口。什么水果这么馋人?张开的嘴在等吃一个"杏"子。

汉语里表示"朱"的一个字是一棵树,树干上特意有一个笔画或一点——人们是从树干上获取红的颜料。

(据林西莉《汉字王国》,《生活·读书·新知》三联书店,2007)

(一) 解释加点词语

1. 有时候会出现莫名其妙的形式。
2. "本"字中树的下半部分已经简化为一笔。
3. "独木不成林",这是一句中国成语。
4. 什么水果这么馋人?
5. 人们是从树干上获取红的颜料。
6. 也许,这跟书是中国教育之本,具有决定性的意义密切相关吧!
7. 这是对"林"字的绝妙解释。
8. 三个"木"组成"森",阴森、繁密的树林。
9. 一个人靠在树旁边。可能要乘凉。
10. 原来那只鸟仍然站在树枝上睡觉。

(二) 回答问题

除了有趣的"木"字,你还知道别的带相同部首的多个汉字吗?请举例说明。

第十七课 我教老外学汉语

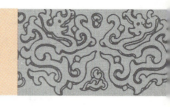

　　周末的下午，南京路上人来人往。一位金发碧眼的小姐走到我面前，用很不流利的汉语问我："人民广场，哪里？"——没有声调，不合语法。"人民广场就在前面。"我用标准的普通话一字一句地告诉她。她用力点了点头，回头对丈夫得意地一笑……不知从什么时候开始，越来越多的老外开始用我们的汉语工作生活了，我也已经习惯用慢速的汉语回答各种问题了——儿时那个美丽的梦想正一步步实现。

　　奔忙于上海这个国际化大城市，我的工作就是"教老外学汉语"。每天早上九点，我和我的外国学生们开始上第一节课：朗读汉语文章。那些平时看起来十分平常的散文此时却让我十分陶醉。其间，学生们会问我各种各样关于中国、关于上海的问题，这一刻，我就是他们与这个城市的桥梁。每当看到他们恍然大悟的样子，我总有种自豪感涌上心头。学生中有很多是一些上班的先生，他们大都是驻华外资公司的高层，平时在公司里惯于向别人下命令的他们，坐到课桌前认真得像个小学生。上个学期结束的时候，一个学生很认真地写了张卡片感谢我，说他要升职了，汉语帮了他大忙，因为在公司里只有汉语说得好才能升到这个职位。除了感谢之外，他还赶忙跟我确定了下学期的课程。我明白，汉语对他真的很重要。

　　今年，班上又新来了一名韩国学生。闲聊中，她告诉我，她是辞了工作专门来中国学汉语的。我很惊讶，问她为什么。她说想回国开家汉语培训中心。"现在韩国人大多是全家移居中国，他们很希望孩子能在中国学校接受教育，进中国大学学习。所以在韩国汉语培训十分热门，但是当地老师的汉语不地道，因此决定自己来试试。"我笑着，鼓励她"一定行的"。

前两天课间休息的时候，我的法国学生安妮告诉我，她很喜欢学汉字，她觉得这是世界上最美的语言。我很感动，因为她在用我们的语言来赞美汉语。我又看到，在楼下的院子里，两个学生正在认真地学着太极拳。温暖的阳光下，看着自己的影子，她们告诉我有些理解 shadow boxing（太极拳的英译；shadow 在英语里为影子的意思）了。我笑了。学校给她们请了太极老师，又专门为她们准备了功夫服，虽然不能完全听懂老师的口令，但她们是学得那么认真、那么快乐。

看着这群可爱的学生，我想起了儿时的那个梦。小时候，我一直问妈妈，为什么外国人不用学汉语，但是我们要学英语？什么时候老外也来争着学汉语？仅仅二十年，我的梦就一步步实现了。为了工作，为了兴趣，越来越多的外国人开始学汉语，他们和我们当年学英语一样，一字一句地学着一种陌生的语言。不仅在中国，在世界很多国家，汉语学习也都开展得十分热烈，欧美名校每年都要引进很多汉语老师，亚洲国家的高校更是如此。

每当想到这里，我很高兴自己能在这个国际交流频繁的大城市从事对外汉语的教学工作，并看到自己的祖国一天天强大起来。我想这对于每个中国人都是足以骄傲和幸福的吧。

（资料来源：http://forum.xinhuanet.com，有改动）

生词

1. 人来人往　rén lái rén wǎng　人来来去去，形容人很多的样子。例如："南京路上人来人往，十分热闹。"
2. 金发碧眼　jīn fà bì yǎn　金色的头发，蓝色的眼睛。例如："她是个金发碧眼的漂亮姑娘。"
3. 一字一句　yī zì yī jù　一个字、一句话地（说），形容说得慢而清晰。例如："这件事他是一字一句跟我说的，我不可能听错。"
4. 得意　déyì　（形）称心如意（多指骄傲自满）。例如："看他那一脸得意的样子，准有什么好事。"
5. 梦想　mèngxiǎng　（动）渴望；妄想。例如："小时候，我梦想成为一名飞行员。（名）梦想中的事情。例如："我到现在还记得自己童年时的梦想。"
6. 于　yú　（介）在。例如："他出生于北京，长于天津。"
7. 化　huà　（尾）加在名词或形容词之后构成动词，表示转变成某种性质或状态。例如："这个小区的绿化很好，种着许多花和树。"
8. 散文　sǎnwén　（名）指除诗歌、戏剧、小说外的文学作品，包括杂文、随笔、特写等。例如："这本散文集收入了这位作家近几年的作品。"
9. 陶醉　táozuì　（动）很满意地沉浸在某种境界或思想活动中。例如："他深深地陶醉在迷人的夜色里。"
10. 其间　qíjiān　（名）指某一段时间。例如："他离开学校已经两年了，其间，他在科研上取得了很多成绩。"
11. 桥梁　qiáoliáng　（名）比喻能起沟通作用的人或事物。例如："举办这样的活动为中西文化交流架起了一座桥梁。"
12. 驻　zhù　（动）（部队或工作人员）住在执行职务的地方；（机关）设在某地。例如："公司派他到驻上海办事处工作。"

13. 外资　wàizī　（名）由外国投入的资本。例如："他在一家外资企业工作。"

14. 高层　gāocéng　（名）公司的高级管理人员。例如："他现在已经是公司的高层了，不会轻易辞职的。"

15. 职位　zhíwèi　（名）机关或团体中执行一定职务的位置。例如："他在公司的职位是市场部经理。"

16. 赶忙　gǎnmáng　（副）赶紧；连忙。例如："看到老师进来了，他赶忙站起来。"

17. 惊讶　jīngyà　（形）惊异。例如："他三个月就学完了别人要学半年的课程，同学们都感到很惊讶。"

18. 培训　péixùn　（动）培养和训练（技术工人、专业干部等）。例如："我报了一个网球培训班，打算好好练习打网球。"

19. 热门　rèmén　（形）吸引许多人的事物。例如："今天，经济学、金融学等在中国大学里是热门专业。"

20. 赞美　zànměi　（动）称赞。例如："他写了一首诗赞美家乡的风景。"

21. 口令　kǒulìng　（名）战斗、练兵或做体操时以简短的术语下达的口头命令。例如："请听好班长的口令！"

22. 陌生　mòshēng　（形）不熟悉。例如："我们虽然是第一次见面，但并不感到陌生。"

23. 引进　yǐnjìn　（动）从外地或外国引入（人员、资金、技术、设备等）。例如："这种新品种是从国外引进的。"

24. 此　rúcǐ　（代）这样。例如："事已至此，后悔也来不及了。"

25. 频繁　pínfán　（形）（次数）多。例如："平时我们之间来往并不频繁，但不知为什么最近她常来找我。"

26. 并　bìng　（连）而且，表示递进关系。例如："任务已经完成，并比原计划提前两天。"

27. 足以　zúyǐ　（副）完全可以；够得上。例如："这些事实足以说明问题。"

语言点

（一）化

后缀，意思是"转变成某种性质或状态"。

1. 加在其他成分后面，构成动词。

   （1）形容词 + 化：构成及物动词。例如：
   美化校园、简化汉字、绿化祖国。

   （2）名词/形容词/动词 + 化：构成不及物动词。例如：
   现代化、工业化、电气化、具体化、简单化。

   （3）一部分"化"可加"为、成、到"，再带宾语。例如：
   精神转化为物质。

2. 名词/动词/形容词 + 化 + 名词：构成名词。例如：
   （1）电化教育。

（二）每

副词，表示同一动作有规律地反复出现。

1. 每 + 动词 + 数量。后面必有另一数量相应。例如：

   （1）每演出三天，休息一天。
   （2）秋天到了，每下一场雨，天气就凉一些。

2. "每"后是"当、逢、到"等动词，后面不带数量。例如：

   （1）每当看到他们恍然大悟的样子，我总有种自豪感涌上心头。
   （2）每当提起邻居家的小李，妈妈总是称赞不止。

（三）并

连词，表示更进一层的意思。多连接并列的双音节动词。连接小句时，限于后一小句主语承前省略。用于书面。例如：

(1) 技术员找出了机器的毛病，并研究了修理的办法。
(2) 他1998年大学毕业，并于同年留校任教。

（四）足以

1. 表示完全可以、完全能够。能单独回答问题。例如：

(1) 这件事足以证明你的想法是错误的。
(2) 这些钱够用吗？——足以。

2. 表示否定时，通常说"不足以"，表示"不可以"、"不能够"，多用于书面语。否定式不能单独回答问题。例如：

(1) 仅靠这些材料，不足以清楚地说明这个问题。

练习

一、熟读并抄写下列词语

| 频繁 | 得意 | 梦想 | 散文 | 自豪 |
| 赶忙 | 惊讶 | 培训 | 地道 | 赞美 |

二、解释下列句子中的加点词语

1. 周末的下午，南京路上人来人往。
2. 没有声调，不合语法。
3. "人民广场就在前面"，我用标准的普通话一字一句地告诉她。
4. 奔忙于上海这个国际化大城市。
5. 其间，学生们会问我各种各样关于中国、关于上海的问题。
6. 欧美名校每年都要引进很多汉语老师，亚洲国家的高校更是如此。
7. 一位金发碧眼的小姐走到我面前，用很不流利的汉语问我。

8. 那些平时看起来十分平常的散文此时却让我十分陶醉。
9. 这一刻，我就是他们与这个城市的桥梁。
10. 每当看到他们恍然大悟的样子，我总有种自豪感涌上心头。
11. 在韩国汉语培训十分热门，但是当地老师的汉语不地道。
12. 我很高兴自己能在这个国际交流频繁的大城市从事对外汉语的教学工作。

三、根据课文内容选词填空

陶醉　恍然大悟　刻　自豪感　朗读　平常　桥梁

每天早上九点，我和我的外国学生们开始上第一节课：_____汉语文章。那些平时看起来十分_____的散文，此时却让我十分_____。其间，学生们会问我各种各样关于中国、关于上海的问题，这一_____，我就是他们与这个城市的_____。每当看到他们_____的样子，我总有种_____涌上心头。

四、选择适当的词语填空

除非　只有

1. 他不会这么做的，_____是他实在太生气了。
2. _____李师傅才能修好这台机器。
3. 电话打不通，_____我自己去一趟。
4. 他不会听的，_____你亲自去劝他。

鼓励　鼓舞

5. 大家的赞扬给了他很大的_____。
6. 刘翔在奥运会上夺得男子110米栏冠军的消息_____了中国奥运军团的士气。
7. 车间主任_____大家努力完成增产指标。
8. 好消息传来，大家欢欣_____。

热烈　　激烈

9. 演出十分精彩，演员谢幕时，观众集体起立，报以_____的掌声。
10. 会上，大家争论得很_____。

五、完成下列短语

1. 请填写宾语

实现（　　）　朗读（　　）　确定（　　）　赞美（　　）
回答（　　）　理解（　　）　从事（　　）　辞了（　　）
不合（　　）　接受（　　）　听懂（　　）　引进（　　）

2. 请填写中心语

温暖的（　　　）　　陌生的（　　　）
频繁的（　　　）　　可爱的（　　　）

六、运用下列句子中的加点结构造句

1. 在公司里只有汉语说得好才能升到这个职位。
2. 虽然不能完全听懂老师的口令，但她们是学得那么认真，那么快乐。
3. 他们和我们当年学英语一样，一字一句地学着一种陌生的语言。
4. 不仅在中国，在世界很多国家，汉语学习也都开展得十分热烈，欧美名校每年都要引进数百名汉语老师，亚洲国家的高校更是如此。
5. 不知从什么时候开始，越来越多的老外开始用我们的汉语工作生活了。
6. 除了感谢之外，他还赶忙跟我确定了下学期的课程。

七、用指定词语完成句子

1. _____，生怕让护士看见。（赶忙）
2. 听到这个声音，我吓了一跳，_____。（赶忙）
3. 听到这里，他打断了我，_____。（并）
4. 他为她感到难过，_____。（并）

5. 他跑得飞快，_____。（足以）
6. 刚出生的小宝宝睡觉时需要十分安静的环境。一丁点儿声音就_____。（足以）

八、根据课文回答问题

1. "我"小时候有一个什么梦想？
2. "我"的工作是什么？"我"喜欢这份工作吗？为什么？
3. "我"是怎么教留学生汉语的？
4. "我"的学生学习汉语有哪些不同的目的？
5. "我"儿时的梦想实现了吗？
6. "我"认为什么会让每个中国人感到骄傲和自豪？

九、请以"我的工作"为题复述课文

十、作文：运用下列词语，写一个小故事（字数要求：150字以上）

人来人往，一字一句，得意，梦想，奔忙，平常，陶醉，恍然大悟，自豪，确定，惊讶，地道，鼓励，赞美，陌生，频繁，骄傲，幸福……

十一、阅读下面的短文，说说它的大意

歇后语

歇后语是中国人民在生活实践中创造的一种特殊语言形式。它一般由两个部分构成：前半截是形象的比喻，像谜面；后半截是解释、说明，像谜底。十分自然贴切。在一定的语言环境中，通常说出前半截，"歇"去后半截，就可以领会和猜想出它的本意，所以称它为歇后语。歇后语具有鲜明的民族特色，浓郁的生活气息，幽默风趣，耐人寻味，为广大中国人民所喜闻乐见。如：

孔夫子搬家——尽是输（书）。

外甥打灯笼——照旧（舅）。
八仙过海——各显神通。
打开天窗——说亮话。
大水冲了龙王庙——一家人不认识一家人。
黄鼠狼给鸡拜年——不安好心。
骑驴看唱本——走着瞧。
热锅上的蚂蚁——团团转。
你能猜出这些歇后语的意思吗？
你还能说出哪些歇后语？

副课文

汉语教师——一种热门的职业

据统计，至今已有100个国家和地区超过2500余所大学在教授中文，海外学习汉语的人数已超过3000万。随着孔子学院在世界各地"落户"以及全球"汉语热"的持续升温，对外汉语教师成了非常热门的职业。

据了解，英国、泰国、印度尼西亚等国家都把汉语纳入了本国正规教育体系；韩国和日本学习汉语的人数超过100万；拉美、中东和非洲国家学习汉语的人数也在迅速增长；中国将设立为期5年的"中国—欧盟学生交流奖学金项目"，从2007年开始每年向100名欧盟青年学生提供政府奖学金，为欧洲学生学习汉语提供更多的机会。

据国家汉语国际推广领导小组办公室预测，到2010年，全球学习汉语的人数将达1亿。如果按照外语学习比较正常的师生比例估算，到时对外汉语教师需要百万名以上。为缓解国际汉语教师紧缺的压力，"国际汉语教师中国志愿者计划"于2004年3月起正式实施，目前已经向近30个国家派出2500多名志愿者。此外，有关方面也有计划地加紧了对外汉语教师的培养，北京大学、北京师范大学等11所高校招收了300多名"国际汉语教育硕士研究生"。

　　对外汉语教师拥有广阔的职业前景。一名优秀的汉语教师除了要具备一定的英文和普通话水平外，还必须熟悉相应的汉语言文学知识，掌握把汉语作为第二语言的教学法。为此，国内的一些机构已经开设这方面的培训班。

（据梁杰《汉语教师——一种热门的职业》，《人才市场报》
2006年9月26日）

（一）解释加点词语

1. 随着孔子学院在世界各地"落户"以及全球"汉语热"的持续升温，对外汉语教师成了非常热门的职业。
2. 为缓解国际汉语教师紧缺的压力，"国际汉语教师中国志愿者计划"于2004年3月起正式实施。
3. 对外汉语教师拥有广阔的职业前景。
4. 一名优秀的汉语教师除了要具备一定的英文和普通话水平外，还必须熟悉相应的汉语言文学知识，掌握把汉语作为第二语言的教学法。
5. 为此，国内的一些机构已经开设这方面的培训班。
6. 泰国、印度尼西亚等国家都把汉语纳入了本国正规教育体系。
7. 据国家汉语国际推广领导小组办公室预测。
8. 有关方面也有计划地加紧了对外汉语教师的培养。

（二）回答问题

1. 在你的国家，学习汉语的人比以前多吗？他们为什么学习汉语？
2. 谈谈你理想中的汉语教师。

第十八课　中国每天都有新魅力

　　我学习汉语十多年了，至今还记得当年上第一节中文课的情景。那天早晨，老师一进门，首先说了声："你们好！"在座的同学你看着我、我看着你，谁都没听懂。然后老师在黑板上写下了一个"哭"和一个"笑"字，要我们猜猜看哪个字是哭，哪个字是笑。大部分同学都猜出两个口下面伴着一滴眼泪的是"哭"，这个小小的成功令大家一下子对中文兴趣大增。后来，我学了一些成语，觉得非常有意思，对汉语的兴趣就更大了。

　　在学习汉语的过程中，最令我头痛的要算中文量词，简直故意跟外国人过不去。每一件物品都有自己固定的量词，比如一张桌子、一条狗等等。我询问过一位中国朋友："如果我照英文规矩只用'一个'行不行呢？这样就可以省不少劲儿呢。"中国朋友笑道："你这是想偷懒，当然你不用量词中国人也听得懂，但那不是中文呀。"看来，我没有别的办法，只有继续努力了。

　　现在我可以自豪地告诉你我的中文有多么好。前不久我游览周庄时，一个人力车夫夸奖我的中文讲得流利时说："你的普通话比我的还要标准。"不过我的满脑子中文有时也会闹出笑话来。那天我正在逛上海襄阳路市场，一位大妈在我背后喊了句："娼妓到了。"我吓坏了，假装没听见，急急地躲开了。没想到那女人居然追了上来，站在我面前又大声喊起来："娼妓到了。"我火了起来，向她大声道："大白天的，你也太过分了。一口一个娼妓、娼妓的，就不怕被路过的公安人员听到？"大妈听了一愣，周围的人全都笑起来，对我说："你这中文好到连英语都忘记了，她说的是change dollars，换美元。"

几乎每个中国朋友都曾问过我："你为什么来中国生活？"一些年轻人还说，我们都希望去西方呢。我总对他们解释说，我喜欢中国，这是一个充满生气的国家，我在中国度过的日子非常有意义。今天，我能轻松地与中国邻居、朋友聊天，一些中国人成为我知心的朋友。还有许多数不清的小事，那浓浓的人情味，总是令我感动。在沈阳旅游时，我看见公园湖边一位白发老人用毛笔蘸着湖水在砖地上写书法，身旁一个六七岁的小男孩专心地模仿着。这幕情景就像一幅中国传统水墨画般优美，我看得都呆住了。我住的公寓楼下拐角处有一个小卖部，第一次去那儿买可乐时，我自己打开冰箱摸摸哪一瓶最凉。第二天、第三天我都这么做了，待第四天我再次去那儿时，女主人已将一瓶最凉的可乐举到我面前了。此后她对我就像对家人一般，每天特意留一瓶最凉的可乐等着我上门。每次我一探头，她就立即笑呵呵地招呼我喝。

我生活在中国，经历了当今世界上最有吸引力、发展最迅速的国家一年年可喜的变化，这一切在欧洲都是不可想象的。在西方我每天重复着同样的工作和生活方式，然而在中国，我的每一天都意味着一个惊喜，每天都有着从没令我失望过的新鲜。早晨出门时，我无法猜测会有什么意想不到的有趣事情在等待着我，令我为之着迷。随着对中国越来越熟悉，我也越来越爱她了，这就是中国无穷无尽的魅力。

（据郭莹《老外侃中国》，作家出版社，2003年）

第十八课
中国每天都有新魅力

生词

1. 魅力　mèilì　（名）很能吸引人的力量。例如："他浑身充满魅力，叫人不喜欢他都难。"
2. 至今　zhìjīn　（副）直到现在。例如："他离家出走已经三天了，至今没有任何消息。"
3. 成语　chéngyǔ　（名）人们长期以来习用的、形式简洁而意思精辟的、定型的词组或短句。例如："成语词典是学好成语的重要工具。"
4. 简直　jiǎnzhí　（副）完全。例如："这简直是浪费时间。"
5. 固定　gùdìng　（形）不变动或不移动的。例如："中国中学生在教室里的位置一般是固定的。"
6. 询问　xúnwèn　（动）打听，问别人的意见。例如："如果你有什么问题，可以来电话或来信询问。"
7. 规矩　guīju　（名）一定的标准、法则或习惯。例如："上班的第一天，我的上司便给我定好了规矩：不得迟到、不得早退。"
8. 劲儿　jìnr　（名）精神。例如："我费了好大的劲儿，才把这个问题搞明白。"
9. 人力　rénlì　（名）人的劳力，人的力量。例如："这么重的箱子，人力是搬不动的。"
10. 车夫　chēfū　（名）旧时指以推车、拉车、赶兽力车或驾驶汽车为职业的人。
11. 夸奖　kuājiǎng　（动）称赞。例如："老师夸奖他进步很快，他却谦虚地说：'哪里哪里。'"
12. 闹　nào　（动）发生（灾害或不好的事情）。例如："我刚到广州的时候，因为不懂广州话，常常闹笑话。"
13. 娼妓　chāngjì　（名）妓女。例如："娼妓的存在是合理的吗？"
14. 假装　jiǎzhuāng　（动）故意表现出一种动作或情况来掩饰真相。例如："他明明已经看到我了，却假装没看见。"

15. 过分 guòfèn （形）（说话、做事）超过一定的程度或限度。例如："他做得是不太对，但你这样批评他，有点儿过分了。"
16. 充满 chōngmǎn （动）充分具有。例如："他对未来充满了希望。"
17. 生气 shēngqì （名）生命力，活力。例如："年轻人是最有生气的。"
18. 人情 rénqíng （名）人的感情。例如："他这个人个性冷漠，不近人情，几乎没有什么朋友。"
19. 蘸 zhàn （动）由于接触而被东西附着上。例如："她用梳子蘸了蘸水，再梳了梳头发。"
20. 砖 zhuān （名）把黏土等做成的坯放在窑里烧制而成的建筑材料。例如："这是一间砖瓦房。"
21. 探 tàn （动）向前伸出（头或上体）。例如："他探头往外看了看，没看到什么人。"
22. 猜测 cāicè （动）推测；凭想象估计。例如："科学家猜测在金星上没有生命。"
23. 着迷 zháomí （动）对人或事物产生极大的爱好；入迷。例如："桂林秀丽的山水令我着迷。"
24. 无穷无尽 wú qióng wú jìn 没有穷尽，没有限度。例如："知识和宇宙一样，都是无穷无尽的。"

专名

1. 周庄 Zhōuzhuāng 江南水乡，在江苏省。
2. 襄阳路市场 Xiāngyáng Lù Shìchǎng 上海的一个服装市场。
3. 沈阳 Shěnyáng 辽宁省的省会。

语言点

(一) 看

助词,用在动词(重叠或带动量词、时量词)后边,表示试着做某事。例如:

(1) 老师要我们猜猜看哪个字是哭,哪个字是笑。
(2) 先喝一点看。

(二) 算

在本课文中的意思是:比较起来最突出。后面可加小句。例如:

(1) 在学习汉语的过程中,最令我头痛的要算中文量词。
(2) 我们班里,算他年纪最小。

(三) 跟……过不去

使……心里不舒服,日子不好过;找……的麻烦。例如:

(1) 量词简直故意跟外国人过不去。
(2) 希望每个人都能爱惜书,不要跟书过不去。

(四) 像+名词+一样(般、这样、那样)+形容词/动词

表示两个事物有较多的共同点。例如:

(1) 这幕情景就像一幅中国传统水墨画般优美。
(2) 他不像你这样聪明,但是像你一样勤奋。

练习

一、熟读并抄写下列词语

简直　　询问　　规矩　　假装　　期待　　不可想象
旅游　　招呼　　猜测　　着迷　　魅力　　无穷无尽

二、解释下列句子中的加点词语

1. 我学习汉语十多年了，至今还记得当年上第一节中文课的情景。
2. 这个小小的成功令大家一下子对中文兴趣大增。
3. 这样就可以省不少劲儿呢。
4. 一个人力车夫夸奖我的中文讲得流利。
5. 每次我一探头，她就立即笑呵呵地招呼我喝。
6. 早晨出门时，我无法猜测会有什么意想不到的有趣事情在等待着我，令我为之着迷。
7. 我无法猜测会有什么意想不到的有趣事情在等待着我。
8. 这就是中国无穷无尽的魅力。

三、根据课文内容选词填空

> 聊天　有意义　生气　轻松　感动　解释　度过

我总对他们＿＿＿＿说，我喜欢中国，这是一个充满＿＿＿＿的国家，我在中国＿＿＿＿的日子非常＿＿＿＿。今天，我能＿＿＿＿地与中国邻居、朋友＿＿＿＿，一些中国人成为我知心的朋友。还有许多数不清的小事，那浓浓的人情味，总是令我＿＿＿＿。

四、选择适当的词语填空

> 规则　　规矩

1. 在去一个陌生的地方前我必须先弄清楚当地人的习惯和＿＿＿＿。

2. 开始的时候，他由于不熟悉游戏_____而输了。

生气　发怒

3. 我对他很_____，因为他让我等了很久。
4. 他是个轻易不会_____的人。

渴望　渴求

5. 汤姆对名望的_____超过了一般人的想象。
6. 我不敢看她那双充满_____的眼睛。

经历　经验

7. 他和我是同龄人，但我们的_____截然不同。
8. 对于求职者，我们优先考虑有一定工作_____的人。

爱戴　尊重

9. 报纸媒体的报道往往不_____私人权利。
10. 亚伯拉罕·林肯是一位深受美国人民_____的总统。

光临　光顾

11. 对您的大驾_____，我们深感荣幸。
12. 这家豪华饭店是有钱人经常_____的地方。

五、完成下列短语

1. 填写量词

一（　　）中文课　　一（　　）水墨画　　一（　　）可乐

一（　　）惊喜　　一（　　）眼泪　　一（　　）桌子

一（　　）情景　　一（　　）狗

2. 填写宾语

省（　　）　　闹（　　）　　逛（　　）

过（　　）　　照（　　）　　学习（　　）

3. 填写动词

专心地（　　　）　　　笑呵呵地（　　　）　　　轻松地（　　　）

4. 填写中心语

可喜的（　　　）　　　无穷无尽的（　　　）　　　数不清的（　　　）
浓浓的（　　　）　　　不可想象的（　　　）　　　知心的（　　　）

六、运用下列句子中的加点结构造句

1. 我没有别的办法，只有继续努力了。
2. 你这中文好到连英语都忘记了。
3. 这幕情景就像一幅中国传统水墨画般优美。
4. 随着对中国越来越熟悉，我也越来越爱她了。
5. 中文量词简直故意跟外国人过不去。
6. 在学习汉语的过程中，最令我头痛的要算中文量词。

七、用指定词语完成句子

1. 张老师离开我们已经一年多了，我＿＿＿＿＿＿＿＿＿＿。（至今）
2. 这部动画片自上世纪90年代推出后引起了轰动，＿＿＿＿＿＿。（至今）
3. 她太漂亮了，＿＿＿＿＿＿＿＿＿＿＿＿＿＿＿＿。（简直）
4. 你用这种态度跟父母说话，＿＿＿＿＿＿＿＿＿＿＿！（简直）
5. 孩子们＿＿＿＿＿＿＿＿＿＿，闹哄哄地跑出教室。（像……一样）
6. 他这个人有一个很大的毛病：你要是不听从他的意见，他＿＿＿＿＿＿＿＿＿＿＿＿＿＿＿＿＿＿＿＿。（跟……过不去）

八、根据课文回答问题

作者为什么来中国生活？中国吸引她的是什么？

九、请以"我为什么来中国学习汉语"为题复述课文

十、用下列词语讲故事

很多年,至今,记得,情景,首先,然后,后来,最后,前不久,将来……

十一、阅读下面的成语故事,说说它的大意

乐不思蜀

三国时期,刘备占据蜀地,建立蜀国。他死后,儿子刘禅继位。刘禅昏庸无能,在那些有才能的大臣死后,公元263年,蜀国就被魏所灭。刘禅投降后,魏王曹髦(máo)封他一个食俸禄无实权的"安乐公"称号,并将他迁居魏国都城洛阳居住。

魏王自己也无实权,掌大权的是司马昭。在一次宴会上,司马昭当着刘禅的面故意安排表演蜀地的歌舞。刘禅的随从人员想到灭亡的故国,都非常难过,刘禅却对司马昭说:"此间乐,不思蜀。"他一点儿也不想念蜀国。

人们根据这个故事,引申出"乐不思蜀"这个成语,来形容有些人安于现状,乐而忘返。还形容有些人乐而忘本。

老外眼中的中国巨变

过去30年里发生的最重要的事件之一是中国自1976年后所经历的巨变。

我有幸亲眼目睹了这些历史性变化的一部分。

我的首次中国之行是在 1978 年夏天。当飞机降落在北京机场时，我看见工人们盘腿坐在跑道之间的草地上。机场又小又脏，也没有空调。巴士行驶在高低不平的两车道公路上，路上挤满了自行车和马车。

我在北京的旅行从参观毛主席纪念堂开始。在城市四处游览时，北京人基本上不怎么注意我。他们只是对我的陌生着装和大脚匆匆地看上一眼。美国人在 1978 年时的中国依然不多见，但西方人并不少见。

除了北京，我还去了东北。当我在大连一家旅馆附近闲逛时，引来好奇的人群。我身边总是跟着几十个中国人，他们似乎很惊讶于我的穿着和身高。我穿着短裤时，小孩子跑过来拔我的腿毛。几乎没有哪个旁观者拥有相机，他们都渴望用我的相机跟我合影。

在上世纪 80 到 90 年代期间，我又去了四次中国，此时中国正经历迅速的现代化。除了新修建的楼房和公路，中国人的生活水平得到了提高，他们对未来的信心也在增强。

2004 年，我应邀到吉林大学教书。在那里的见闻令我惊讶。在长春，现代的摩天大楼高耸入云，汽车把街道挤得水泄不通，麦当劳、肯德基及必胜客成了年轻人爱光顾的地方。

我的学生穿着牛仔裤、T 恤、运动鞋，背着背包，他们的穿着与美国学生没什么两样。其中许多人对美国相当了解。但我发现他们对知识的渴求没有止境，似乎在寻求理解美国富裕和技术先进的原因所在。他们对美国怀有赞美之情，十分尊重美国人民，但他们批评美国领导人和美国的政策，经常有人问我："为什么你们美国人总觉得自己应该掌管这个世界？"

长春的冬天非常寒冷，但长春人对我非常热情。在长春 5 个月，我体会到了许多善意和好心。我从中国学生和同事那里学到的要远远多于我教给他们的有关美国的知识。他们热爱自己的国家，相信毛泽东去世后中国发生的变化使中国日渐成为经济和军事强国，赢得了世界的尊重并在世界事务中发挥影响力。

（据吉姆·伦伯格《环球时报》2006 年 10 月 9 日）

第十八课
中国每天都有新魅力

（一）解释加点词语

1. 我有幸亲眼目睹了这些历史性变化的一部分。
2. 我的首次中国之行是在 1978 年夏天。
3. 麦当劳、肯德基及必胜客成了年轻人爱光顾的地方。
4. 我从中国学生和同事那里学到的，要远远多于我教给他们的有关美国的知识。
5. 当我在大连一家旅馆附近闲逛时，引来好奇的人群。
6. 汽车把街道挤得水泄不通。
7. 美国人总觉得自己应该掌管这个世界。

（二）回答问题

说说你在中国学习和生活的有趣故事。

生词总表

A

爱戴	15
安	9
安徽省	7
安家	4
暗暗	9
昂贵	4
熬	8
熬夜	8

B

摆脱	16
半途而废	5
帮	1
帮	3
棒	1
保人	11
保证	7
保证书	7
报销	2
抱怨	3
奔忙	8

悲伤	2
背信弃义	5
奔波	3
奔走	8
彼此	13
闭	9
毕竟	2
必需	4
扁	12
表情	13
彬彬有礼	11
悲哀	13
摆脱	13
表明	14
兵士	9
并非	14
并	17
波纹	12
勃然大怒	5
补丁	1
不料	11
不解	1
布局	10

部门	2
不由得	2
不止	9
BBC	8

C

猜测	18
财富	10
才能	9
财务处	2
采访	8
彩虹	12
参考	3
残疾	1
惭愧	2
灿烂	12
草原	12
差异	15
娼妓	18
场所	4
颤抖	8
车夫	18
臣	9

218

沉思 …… 7	贷款 …… 8	反倒 …… 9
惩罚 …… 7	担当 …… 5	反叛 …… 6
承诺 …… 5	胆怯 …… 15	反映 …… 16
成人 …… 13	倒 …… 3	贩 …… 3
呈现 …… 1	导致 …… 7	犯人 …… 9
呈 …… 14	倒影 …… 10	犯罪 …… 9
成语 …… 18	得意 …… 17	风格 …… 1
吃苦 …… 8	蹬 …… 3	纷纷 …… 11
持续 …… 13	瞪 …… 11	分类 …… 14
赤峰市 …… 8	递 …… 2	奋起直追 …… 8
充满 …… 18	地道 …… 8	风气 …… 10
抽象 …… 16	地地道道 …… 3	缝 …… 1
出差 …… 2	惦记 …… 4	缝 …… 11
出类拔萃 …… 3	雕刻 …… 10	浮现 …… 6
初期 …… 16	定居 …… 4	符号 …… 16
出走 …… 7	动弹 …… 15	富裕 …… 4
楚国 …… 9	动人 …… 10	富有 …… 10
除非 …… 1	独特 …… 1	
传达 …… 13	独自 …… 8	**G**
传说 …… 11	对称 …… 1	概念 …… 16
春秋 …… 9	顿时 …… 2	干脆 …… 7
辞 …… 7	踱 …… 11	赶忙 …… 17
次序 …… 11	踱方步 …… 11	高层 …… 17
匆匆 …… 2		割 …… 4
从容 …… 9	**F**	个性 …… 4
凑 …… 8	发票 …… 2	功夫 …… 3
	繁华 …… 4	工商银行 …… 8
D	凡是 …… 14	购买 …… 14
打瞌睡 …… 11	繁衍 …… 15	固定 …… 18
大白兔奶糖 …… 18	反驳 …… 9	观赏 …… 14

219

光	11	积攒	3	**K**	
光阴如梭	3	即将	12		
光彩	4	急切	4	开导	6
光秃秃	11	继承	10	开发	10
规划	10	家族	10	靠近	14
规矩	18	甲骨文	16	瞌睡	11
国宾	9	假装	18	渴望	4
国都	9	价值连城	6	可惜	1
过分	18	简直	18	刻	2
		建造	10	刻苦	5
H		狡猾	11	口令	17
汗流浃背	3	江南	9	夸	1
行	12	奖学金	8	夸奖	18
行当	5	接吻	14	宽阔	10
好莱坞	8	结构	16	昆虫	16
呵	9	结婚	4	困境	16
合成	16	金发碧眼	17		
轰隆	12	近亲	14	**L**	
红火	3	劲儿	18	来访	4
呼吁	7	晋商	10	烂	2
化	17	惊呼	11	冷嘲热讽	5
慌忙	9	精美	4	愣	2
恍然大悟	5	惊讶	17	力不从心	7
徽商	10	精致	10	梨园	4
回报	7	景色	10	理会	3
伙伴	6	拘留	7	例外	1
获悉	7	居民	7	亮晶晶	11
		居然	8	两情相悦	14
J		聚集	12	列车	8
绩溪县	7	撅	13	裂痕	1

临淄 … 9	**P**	桥梁 … 17
灵长类 … 13		亲耳 … 11
流动 … 4	排列 … 12	亲近 … 13
录取 … 8	派遣 … 9	勤劳 … 10
落脚 … 3	潘安 … 4	权威 … 8
	攀附 … 13	清晰 … 12
M	跑龙套 … 4	
	培训 … 17	**R**
码头 … 6	佩服 … 9	
麦 … 16	撇嘴 … 13	然而 … 14
美观 … 1	拼 … 1	热门 … 17
魅力 … 18	频繁 … 17	人间 … 11
蒙 … 12	贫困 … 5	人来人往 … 17
梦想 … 17	凭 … 2	人力 … 18
迷 … 10	平板车 … 3	人情 … 18
民间 … 10	凭借 … 14	忍受 … 3
模糊 … 10	破烂儿 … 3	荣誉 … 10
陌生 … 17		如此 … 17
幕 … 14	**Q**	如同 … 10
目睹 … 6		乳头 … 13
	齐国 … 9	若 … 4
N	奇观 … 10	
	其间 … 17	**S**
南宋 … 10	其实 … 4	
脑筋 … 9	奇特 … 14	塞 … 8
闹 … 18	起跑线 … 8	散文 … 17
内蒙古 … 8	启事 … 7	山峰 … 12
凝 … 9	恰巧 … 6	伤害 … 1
牛津字典 … 8	谦和 … 3	上升 … 14
扭 … 13	谦逊 … 5	设 … 10
偌大 … 3	签字 … 8	设法 … 13
		摄影 … 10

身材 …… 9	**T**	**W**
申请 …… 8	潭 …… 11	挖苦 …… 9
沈阳 …… 18	探 …… 19	歪歪扭扭 …… 1
甚至 …… 10	探险 …… 6	外资 …… 18
生存 …… 13	陶醉 …… 17	完美 …… 1
生气 …… 18	特意 …… 1	万分 …… 8
生肖 …… 11	特地 …… 1	网吧 …… 4
生物学 …… 14	提示 …… 16	望子成龙 …… 7
时常 …… 14	提醒 …… 2	威风 …… 9
十全十美 …… 1	体面 …… 4	威吓 …… 15
实质 …… 1	体形 …… 14	微妙 …… 13
使节 …… 9	天生 …… 13	威武 …… 5
始终 …… 4	天性 …… 7	为止 …… 14
似的 …… 12	挑选 …… 11	委屈 …… 2
试图 …… 6	听从 …… 15	畏缩 …… 15
示威 …… 14	偷懒 …… 7	闻名 …… 14
守 …… 9	头脑 …… 10	蜈蚣 …… 11
首领 …… 15	统计 …… 16	无可奈何 …… 8
手艺 …… 1	推测 …… 12	无奈 …… 6
属于 …… 13	吞没 …… 6	无能为力 …… 16
顺从 …… 15	屯溪 …… 10	无穷无尽 …… 18
顺位 …… 15	脱贫 …… 3	无谓 …… 15
顺应 …… 15	椭圆 …… 14	侮辱 …… 9
饲养 …… 14	唾沫 …… 6	物美价廉 …… 8
四周 …… 1		
随后 …… 7	**V**	**X**
随即 …… 6	VOA …… 8	溪 …… 10
随着 …… 16		吸取 …… 8
损害 …… 7		习性 …… 14
缩 …… 2		

系列 …… 2		引起 …… 12
戏弄 …… 9	**Y**	引进 …… 17
霞 …… 12	押 …… 9	引人注目 …… 4
下九流 …… 4	压力 …… 13	印度尼西亚 …… 14
暹罗斗鱼 …… 14	沿海 …… 10	婴儿 …… 13
显示 …… 9	严厉 …… 5	赢得 …… 10
陷害 …… 6	沿袭 …… 15	拥挤 …… 4
限度 …… 12	演变 …… 13	涌 …… 2
相称 …… 11	厌倦 …… 6	勇气 …… 8
相当 …… 16	晏婴 …… 9	用心 …… 9
乡下 …… 4	谚语 …… 12	游戏机 …… 7
襄阳路市场 …… 18	依然 …… 12	有限 …… 16
象征 …… 12	依照 …… 15	于 …… 17
小心翼翼 …… 2	医务室 …… 2	娱乐 …… 7
笑容 …… 13	黟县 …… 10	鱼鳞 …… 12
效应 …… 15	衣袖 …… 9	语 …… 9
辛劳 …… 7	一带 …… 14	与此同时 …… 6
心目 …… 15	一个劲儿 …… 2	预报 …… 12
欣赏 …… 5	遗憾 …… 1	玉帝 …… 11
心眼儿 …… 1	一落千丈 …… 5	预先 …… 9
信号 …… 13	一诺千金 …… 5	缘故 …… 10
信任 …… 7	一再 …… 2	原始 …… 13
信用 …… 11	一字一句 …… 17	原先 …… 1
行为 …… 14	一阵 …… 13	原则 …… 9
汹涌澎湃 …… 6	议论 …… 11	怨天尤人 …… 5
锈 …… 1	意识 …… 8	月牙 …… 10
学徒 …… 1	意味着 …… 12	岳母 …… 2
血缘 …… 14	义务 …… 8	云集 …… 5
询问 …… 18	阴暗 …… 12	
驯养 …… 15	瘾 …… 4	

Z

栽 …………… 6	镇压 …………… 15	装饰 …………… 12
宰相 …………… 9	争论 …………… 11	状态 …………… 14
再度 …………… 15	整 …………… 18	啄 …………… 11
赞美 …………… 17	挣 …………… 4	姿态 …………… 12
早市 …………… 3	证书 …………… 8	咨询 …………… 8
沾光 …………… 3	支配 …………… 15	仔细 …………… 10
掌握 …………… 6	职位 …………… 17	自豪 …………… 7
招呼 …………… 14	置办 …………… 3	自言自语 …………… 7
招牌 …………… 12	至高无上 …………… 15	自尊 …………… 4
朝霞 …………… 12	至今 …………… 18	走投无路 …………… 5
着迷 …………… 18	周庄 …………… 18	足 …………… 8
照应 …………… 2	驻 …………… 17	足以 …………… 17
沾 …………… 18	砖 …………… 18	组合 …………… 16
遮 …………… 9	专利 …………… 14	罪 …………… 7
镇江 …………… 8	转折 …………… 8	最终 …………… 14
	赚 …………… 8	尊严 …………… 4
	转 …………… 10	尊称 …………… 9

声 明

对于本教材所使用的受著作权法保护的材料,尽管本社已经尽了合理的努力去获得使用许可,但由于缺少某些著作权人的联系方式,仍有个别材料未能获得著作权人的许可。为满足课堂教学之急需,我们在个别材料未获得许可的情况下出版了本教材,并按照国家相关标准将稿酬先行列支。我们对此深表歉意,并请各位著作权人在看到本教材及本声明后尽快与我们联系,我们将立即奉上稿酬及样书。

地　址:北京市海淀区成府路 205 号北京大学出版社 205 室

邮　编:100871

电　话:010 – 62753374

北京大学出版社
2008 年 11 月